本书由集美大学学科建设经费资助出版

新锐
经管学术系列

中国失地农民多层次的养老保险体系研究

冼青华　著

厦门大学出版社　国家一级出版社
XIAMEN UNIVERSITY PRESS　全国百佳图书出版单位

图书在版编目(CIP)数据

中国失地农民多层次的养老保险体系研究/冼青华著.—厦门:厦门大学出版社,2019.10

（新锐经管学术系列）

ISBN 978-7-5615-7391-4

Ⅰ.①中…　Ⅱ.①冼…　Ⅲ.①农民－养老保险制度－研究－中国

Ⅳ.①F842.67

中国版本图书馆 CIP 数据核字(2019)第 068337 号

出 版 人	郑文礼
责任编辑	许红兵
封面设计	蒋卓群
技术编辑	朱 楷

出版发行 厦门大学出版社

社　　址	厦门市软件园二期望海路 39 号
邮政编码	361008
总　　机	0592-2181111　0592-2181406(传真)
营销中心	0592-2184458　0592-2181365
网　　址	http://www.xmupress.com
邮　　箱	xmup@xmupress.com
印　　刷	厦门市金凯龙印刷有限公司

开本	720 mm×1 000 mm　1/16
印张	12.5
插页	2
字数	205 千字
版次	2019 年 10 月第 1 版
印次	2019 年 10 月第 1 次印刷
定价	48.00 元

本书如有印装质量问题请直接寄承印厂调换

厦门大学出版社
微信二维码

厦门大学出版社
微博二维码

序　言

　　老有所养是人类自古以来所追求的老年生活目标,我国十六届六中全会就明确提出在 2020 年基本建立覆盖城乡居民的社会保险制度的目标,以让老年人过上有尊严、体面的生活。然而,由于长期以来形成的城乡二元结构,倾向于以城市为中心的政策取向,社会保险制度的建立和实施也呈现出城乡截然不同的情形。多年来,为了缩小城乡居民的收入差距,国家逐步注重通过社会保险制度促进城乡协调发展。就养老保险而言,先后出台了新型农村养老保险和城镇居民养老保险政策,随后两者整合为城乡居民养老保险制度。但是,有一个特殊群体——失地农民,处于城市居民和农民之间,一直没有国家统一的政策为他们提供养老保险。失地农民是伴随着我国工业化和城市化建设的需要,不断征用农地,大量农民从土地中剥离出来而产生的特殊群体。农民离开了土地,失去了基本生活资料和附属于土地的所有保障,面临生存、就业和养老等各种压力,未来生活不确定性和老年经济风险陡然增加。虽然大部分失地农民已纳入城乡居民养老保险,但据不完全统计,其中仍然有相当部分的失地农民对养老保险的现状感到困惑甚至不满。

　　记得 2009 年深秋在厦门参加中国保险教育论坛时,笔者就曾与庹国柱教授讨论过失地农民的养老保险问题,庹教授认为失地农民的养老保险需要社会保险与商业保险的融合发展,而此方面的研究是一个薄弱环节。近十年来,随着我国城镇化进程的加快,失地农民的养老问题日渐突出,如何有效解决失地农民的老有所养问题,解除他们的后顾之忧,以利于工业化、城市化的顺利进行,就成为缺乏研究又值得研究的一个重要课题。开展失地农民多层次养老保险体系的研究,既顺应国际国内多层次养老保险改革的趋势,又可望切实解决我国失地农民的养老保险问题。在此背景下,国内不少学者对失地农民养老保险的研究渐次深入,取得了良好的成果。而冼青华博士的这本专著《中国失地农民多层次的养老保险体系研究》就是其中之一。

养老保险是一项复杂的系统工程,涉及多方面的问题,需要进行跨学科的交叉研究。本书综合运用保险学、社会保障学、福利经济学、农村经济管理等多学科的理论与方法,既有对失地农民多层次养老保险体系的框架设计、对策建议以及其配套对策的理论依据进行的规范分析,又对现行失地农民养老保险的实施效果进行了实证分析,并初步构建了三层次的失地农民养老保险体系。

国内对失地农民养老保险的研究始于21世纪初,而关于失地农民多层次养老保险体系构建的思路,曾有人提出过,但缺乏专门的系统的深入研究。本书首先基于土地的保障功能及失地农民的养老风险显性化,根据养老保险经济学理论、土地地租理论与土地权益理论、政府经济学关于政府适当干预市场的理论以及社会保险与商业保险融合发展的理论,夯实失地农民多层次养老保险体系的理论基础,并提出构建失地农民多层次养老保险体系的理论分析框架。其次,比较分析了中外失地农民安置政策及养老保险制度,提炼出可以借鉴的启示。再次,分析我国失地农民养老问题的特殊性,对现有的失地农民养老保险政策的不足进行评价;从失地农民养老保险的特殊性、政府责任的体现、不同保障需求的满足、风险共担的实现、商业保险优势的发挥等方面分析构建多层次养老保险体系的必要性与可行性。最后,根据失地农民养老问题的特殊性,提出构建三层次养老保险体系的构想:第一层次强制性的基本养老保险,第二层次强制性的专业年金即补充养老保险,和第三层次自愿性的商业养老保险。

本书的主要创新之处在于：

第一，研究视角的创新。结合社会保险、保险学与福利经济学理论，系统研究失地农民养老保险制度，确立了构建失地农民多层次养老保险体系的研究框架。

第二，基于失地农民养老问题的特殊性与多层次养老保险的基础理论，构建了三层次失地农民养老保险体系，融合了世界银行提出的五个层次养老保险体系的思路和国外对城市化进程中剩余劳动力养老保险安置的实践经验，对解决中国失地农民的养老保险问题提供了思路。这一体系的构建，通过社会保险与商业保险有机结合，充分利用社会资源，有助于实现失地农民养老保险在国家、集体、个人和用地单位间的风险共担，提高养老保险体系的运行效率。

第三，提出了基本养老保险盯紧社会平均工资的观点，初步建立了基本养老保险统筹部分保险费的精算模型。同时，建立了失地农民趸缴保险费方式下社会统筹账户保费缴纳金额的精算模型，为明确政府在投保时的财政责任提供了依据。

本书是冼青华博士在其博士学位论文的基础修改而成的，是作者多年来研究养老保险问题的结晶，凝聚了作者辛勤的付出与心血。作者早在 2003 年就开始关注失地农民养老问题，2007 年进入西南财经大学保险学院跟随我攻读博士学位。多年的学习研究及思考，使其不断进步并取得了良好的成绩。希望冼青华博士在学术科研之路上坚持不懈、不断前行，取得更丰硕的成果。

孙　蓉

（西南财大保险学院博士生导师）

2019 年秋于成都

目　　录

0. 导 论

0.1 研究背景和意义

0.1.1 研究背景

老有所养是人类自古以来所追求的老年生活目标。2006 年我国十六届六中全会提出要在 2020 年基本建立覆盖城乡居民的社会保险制度的目标,让人人享有基本的健康保障,让老年人过上有尊严的、体面的生活。这充分体现了养老问题的严重性及其受到的关注程度。

我国长期以来形成的城乡二元结构,倾向于以城市为中心的政策取向,社会保险制度的建立和实施也呈现出城乡截然不同的情形:国家对城市居民实行高就业、低工资和高福利的政策,尤其是在正规部门就业的职工,生老病死都由国家或者企业包揽;对农村居民则实施家庭保障和少量的集体经济保障以及国家救助。多年来,由于城乡居民可支配收入差距扩大,社会贫富不均加剧,国家逐步注重通过社会保险制度促进城乡协调发展,先后出台了新型农村养老保险和城镇居民养老保险等政策,从 2014 年开始,逐步整合新型农村养老保险和城镇居民养老保险制度,成为城乡居民养老保险制度,社会保险的保障范围几乎覆盖了城乡居民。

然而,有一个特殊的群体——失地农民,处于城市居民和农民之间,一直没有一个国家统一的政策为他们提供社会保险。失地农民是伴随着我国工业化和城市化的建设需要,不断征用农地,大量的农民从土地中剥离出来而产生的特殊群体。客观地说,失地农民的产生是一个必然的现象。如果经济的发展能够完全吸纳这些剩余劳动力,或者有良好的补偿制度给予充分的征地补偿和妥善的安置,使失地农民的生活方式和生活质量向好的方向转变,那就是健康的城市化,也符合城市化的要求和目标。但是,由于历史的原因,我国的城市化道路,不仅受经济发展进程的制约,同时很大程度上受到政治力量的推动。

新中国成立后,随着现代工业化的建设,"一五"期间 100 多项重大城市工业项目开工建设,开始征用农地和吸收农民进城就业,启动了中国的城市化历程。由于受各种因素的影响,中国的城市化经历了许多波折,经过50 多年的波动和缓慢推进时期,从 2000 年开始进入快速发展时期。由于企业的股份制改革和市场经济体制改革的深化,从 1991 年开始,对失地农民的安置以一次性货币补偿为主,就业安置进入市场化。据保守估计,1978—2017 年年底,累计产生失地农民 11 144 万人。[①] 截至 2008 年年底,除了少数得到招工安置和基本的养老、生活保障之外,仍然有大部分失地农民没有享受养老保险。[②] 2009 年和 2010 年分别实施了新农保和城居保后,失地农民可以选择纳入这两种制度之一。截至 2017 年年底,有 70% 以上的失地农民参加了基本养老保险,但是,超过 50% 的失地农民对养老保险现状表示不满,主要是因为缴费标准过高,一般只能选择最低的缴费档次,因而保障水平很低。根据多年来对城乡居民养老金水平的测算,每月人均养老金都在 120~180 元之间。

农民被动地离开了土地,失去了基本生活资料和附属于土地的所有保障,面临生存、就业和养老等各种压力,未来生活的不确定性和老年经济风险突然增加。他们大部分没有享受城市居民享有的福利,很可能被边缘化了。面对巨大的压力,失地农民的不满情绪日益膨胀,有的走上维权之路,由于征地引发的群体事件屡屡发生。

自 21 世纪以来,失地农民的问题越来越受到关注,人们从不同角度研究失地农民问题:失地农民的权益保障、就业安置和养老保险问题等等。有关调查资料显示,失地农民倾向于上访的影响因素依次为村民的身份、参加养老保险、对货币补偿的满意度等,当他们的权益受到不公平的对待时,他

---

① 根据卢海元(2009)的测算,1978—2007 年失地农民的规模为 6 957 万人,每征地 1 亩产生 1.43 个失地农民,2008—2017 年总征地 195.19 万公顷(根据 2008—2017 年中国国土资源公报数据整理),则截至 2017 年年底失地农民的规模为:6 957+195.19×15×1.43=11 144(万人)。

② 2008 年人力资源和社会保障部网站统计公报,2008 年年底,全国共有 27 个省1 201个县市开展失地农民社会保障工作,1 324 万人纳入基本生活或者养老保险。

们倾向于上访的平均概率为 67%，一个参加了养老保险的农民倾向于上访的概率是没有参保者的 48%。浙江、江苏和厦门等地的调查资料显示，失地农民对养老保险的需求比例分别为 81.2%、63.1% 和 45%。所以，解决失地农民问题重要的办法之一是提供养老保险，这也是减少上访倾向的最有效的措施。[①]

0.1.2 研究意义

如何解决失地农民的老有所养问题，解除他们的后顾之忧，以利于工业化、城市化的顺利进行，就成为理论界和实务部门乃至政府共同关注的热点问题。鉴于失地农民的养老和生活保障需求问题，中央及地方政府普遍重视，出台了一系列政策、文件，要求各地做好失地农民的生活和养老保障工作。失地农民的养老保险问题需要系统的理论研究，以减少实践工作的盲目性，显然，开展失地农民多层次养老保险体系研究具有重要的理论和现实意义。

一、研究的理论意义

第一，如何解决失地农民养老保险普遍存在的保障水平低、个人缴费过高和投保缺乏积极性等问题，如何为失地农民提供适当的保障，是一个紧迫的问题。为他们提供多层次的养老保险体系保障，既是顺应国际国内养老保险制度多层次改革潮流的需要，也体现国家、集体、个人和用地单位共担风险，促进多层次的养老保险体系改革的迫切性，同时可为其他的社会群体如农村居民、城镇居民和城镇职工的养老保险体系的完善提供借鉴。

第二，养老保险体系中政府的职能与市场的定位，是一个存在争议的话题。从中国的实际出发，分析市场与政府在失地农民养老保险体系建设中的地位与作用。在政府提供基本养老保险的基础上，充分发挥市场的优势，利用商业保险这一市场力量为失地农民提供补充保障。这对于开发我国商业性养老保险市场具有引导和促进作用，有利于改变目前我国养老保险市场"外热内冷"的局面。

二、研究的现实意义

第一，根据失地农民的特殊性，建立一个多层次的养老保险体系，为具

---

① 王海港,李伟巍,罗凤金.什么样的农民容易上访？——对失地农民上访倾向的实证分析[J].世界经济文汇,2010(2):1-11.

有不同养老需求的失地农民提供适度的老年经济保障。第一层次是强制性的基本养老保险,相当于城镇职工的基本养老保险,采取统账结合的模式,保障失地农民实现基本的退休经济保障目标;第二层次是强制性的专业年金,作为对第一层次的补充;第三层次是自愿性的个人储蓄养老,通常是商业保险。通过多层次养老保险体系的建立,为失地农民提供多层次的老年经济保障。

第二,我国商业性养老保险市场的需求,尤其是强制性的专业年金和自愿储蓄养老保险的发展,为保险公司拓展养老保险市场提供了巨大的空间,有助于促动商业保险公司拓宽业务领域,发挥自身优势,增强市场竞争力。

第三,构建失地农民多层次的养老保险体系,实现风险共担,既能减轻政府的财政压力,同时又可满足失地农民不同层次的养老保险需求,为解决失地农民的养老问题提供一种思路,也可为相关的职能部门制定政策提供建议,有利于改革和完善我国养老保险体系。

0.2 国内外研究现状及文献综述

多层次养老保险体系的实践与理论研究,根源于西方国家社会保险的结构性改革。社会保险自 19 世纪 80 年代在德国产生后,欧洲各国先后建立了不同项目的社会保险制度。北欧和西欧的一些国家甚至建立了福利国家。早在 1942 年的《贝弗里奇报告》就提出了三层次社会保险体系的思路,该报告指出,社会保障计划有三种保障方法,即三种不同部分组成"社会保险满足基本需求,国民救助解决特殊的需要,自愿保险用于满足超出基本需要的额外需要"①。在实践中,英国 19 世纪流行的友谊社就是自发产生的非正式组织,它除提供《济贫法》中的基本的生活需要之外,还为成员提供一些层次较高的生活需求的保障。②

到了 20 世纪 70 年代中后期,西方国家经济普遍不景气,国家财政难以承受日益膨胀的公共养老金支出,各国开始关注养老保险制度改革。改革

---

① 贝弗里奇.贝弗里奇报告[M].劳动和社会保障部社会保险研究所,译.北京:中国劳动社会保障出版社,2008:113.

② 李绍光.养老金制度与资本市场[M].北京:中国发展出版社,1998:53.

的初期,主要是实施一些"开源节流"的调整措施,比如提高法定退休年龄、提高缴费率、降低养老金指数化调节系数等。进入 90 年代,出于加强养老保险制度的可持续性、促进养老保险制度在缴费和收益之间的公正性及促进经济增长的目的,西方各国在瑞士等国试行三支柱①养老保险模式的启示下,开始探索养老保险制度的结构性改革的途径。一些国际组织也提出多支柱(层次)的养老保险制度改革:世界银行和经合组织提出三层次的养老保险体系,国际劳工组织提出四层次的改革,国际货币基金组织提倡三级养老保险体系。其中以 1994 年世界银行《防止老龄危机:保护老年人及促进增长的政策》报告中提出的三层次为主要方向:第一层次是政府集中管理、通过一般税收收入融资和企业与个人缴费融资的强制性非基金制养老保险计划,一般覆盖全体国民或居民,提供基本的退休收入保障,防止老年贫困;第二层次是私营化分散管理、引入个人账户、实行基金积累制的强制性的养老保险;第三层次是各种自愿性养老储蓄计划,比如商业寿险公司提供的各种养老保险产品。

2005 年,世界银行根据各国实施的结果、经验与教训,提出五支柱(层次)的体系构架:增加基本(零)支柱(zero pillar)(层次)和第四支柱(层次)。其中基本(零)支柱(层次)是提供最低水平的保障,第四支柱(层次)是非正式制度的家庭保障、保健和家政服务等。

我国的多层次养老保险体系改革与实践从 1991 年开始,经过二十多年的探索,初步形成了一个以基本养老保险为基础,辅以企业补充养老保险和个人储蓄养老保险的多层次养老保险体系,相关的理论研究也逐渐丰富。

由于我国多层次的养老保险体系的改革尚处于探索阶段,在改革过程中,同样面临与其他国家类似的许多问题。尤其是我国的人口老龄化问题突出,居民收入差距较大,如何多方筹集资金,既减轻财政压力,又化解人们的老年经济风险,满足人们退休后不同层次的保障需要,显得尤为迫切。目前,我们面临的主要问题在于:第一,关于城镇居民的多层次养老保险体系本身的改革问题,即如何逐步降低第一层次的保障水平,充分发挥第二和第三层次的作用,以及相关的优惠政策,各层次的协调发展问题,养老保险基金的投资与监管等等。第二,宏观经济环境的营造问题,如相关配套措施的

---

① 国内外都有关于"多支柱"养老保险体系的提法,但是在国内,通常用"多层次"的养老保险体系,因为其体现了不同层次在整个体系中的主辅地位。

制定与实施、金融市场的完善、促进充分就业等。第三,城镇居民以外的群体,如农民、农民工和失地农民的养老保险体系的建立与完善,是否也适用于多层次体系?如果适用,又会有什么不同?这些问题需要系统的研究。

0.2.1 国外文献研究

随着西方国家多层次养老保险体系改革的深入,这方面的理论研究也相当丰富。主要集中在以下四个方面:一是综合性的基础理论研究,包括运行机制研究、基金管理与宏观经济环境的影响等;二是对改革措施效果的评价与相关对策研究;三是关于适应性问题的研究;四是对各层次的协调发展研究。

一、关于多层次养老保险的综合性基础理论研究

这方面比较典型的有 Vittas、Wagener 和 David 等人的研究与成果。Vittas(1993)[①]以瑞士和荷兰的多层次模式为例进行比较,指出一个低风险的养老保险模式比低成本的模式更有优势,因为低成本的模式最终往往失败。多层次模式可将风险在不同主体之间进行转移、分散。Vittas 同时指出多层次养老保险体系改革的影响因素有资本市场的成熟、监管的效率、政策性的干预、人口结构、养老保险计划的设计合理性等。Wagener(2001)[②]研究发现多层次养老保险体系具有共同承担风险和利益分享的特征,并且对政治经济具有重要的影响。David(2003)[③]研究遗产税在多层次养老保险体系中具有提供资金保证的作用。他认为:多层次中的DC(缴费确定制)计划会把风险从政府向计划成员转移,因为DC计划可以通过代际财富转移,借助某种税收来实现高的收益。建立一个多层次养老金计划提供的养老金水平不会下降,而且通过遗产税达到代际转移,比实施强制性年金效果更好。罗伯特·霍尔茨曼和理查德·汉兹提出了突破传统的三层次,建立五层次的模式,并对各层次的功能与内涵进行阐释,分析了成功推

---

① Dimitri Vittas. Swiss Chilanpore:the way forward for pension reform?[R].Policy Research Working Paper Series 1093,The World Bank,1993.

② Andreas Wagener. Raising children to work hard:altruism,work norms and social insurance[R].Peru:CESifo Working Paper,2001.

③ David. A note on the use estate taxes and payout restrictions to fund multi-pillar pension guarantees[J]. Ssrn Electronic Journal,2009.

行多层次养老保险体系的相关经济、政治和制度等方面的问题。①

二、关于多层次养老保险体系实施效果评价与相关对策的研究

多层次养老保险体系改革在多个国家的成功经验验证了上述学者提出的基本理论的科学性与合理性。事实证明多层次的养老保险体系的实施取得了良好的效果,基本上达到了改革的最初目标,而且该体系显示出强劲的可持续性。世界银行研究发展报告(2000)②详细分析了瑞士多层次养老保险体系的优势和不足。报告指出:降低第一层次的普惠式非基金公共养老金的替代率,并减少政府补贴;扩大第二层次并实施强制性的基金制,积累了大量的财政资源,这是一个稳定和节省财政支出的养老保险体系。Olivera(2009)③利用秘鲁工人的有关资料,从养老金的公平性、养老金债务和福利三方面评价实施多层次养老保险体系的效果。最终研究结果表明:实施多层次的养老保险体系,养老金债务、不公平性在相当程度上减少,但是没有任何福利损失。

但是,多层次养老保险体系也有弱点:第一层次的公共养老金依赖于养老保险费率的高低和人口年龄结构;第二层次缺乏互助性,投资收益也不稳定。其中有客观宏观经济环境的制约,也有体系设计的不合理,或者实施过程中的失误。

Kritzer(2009)④对阿根廷多层次养老保险体系实施的分析结果表明,阿根廷国内债务剧增部分地归因于向多层次养老金计划转制的费用支出。一个逐步转移的多层次养老保险体系需要低的建立成本,可以减轻对国内经济的破坏性影响。阿根廷的经验表明:在养老金制度面临危机之前修正养老金计划更容易些。

在多层次体系的改革中,基金积累制的缴费制度使得养老保险基金的

① Robert Holzmann,Richard Hinz.21世纪养老保险改革展望[J].林义,李静,译. 经济社会体制比较,2006(3):47-54.

② Monika Queisser,Dimitri Vittas. The Swiss multi-pillar pension system:tri-umph of common sense? [R].Washington:The World Bank,2000.

③ Javier Olivera. Welfare,inequality and financial consequences of a multi-pillar pension system [C]. Leuven:A reform in Peru,Department of Economics,Cathollic University of Leuven,2009.

④ Kritzer. Essays on social security reform and multi-pillar pension plans[EB/OL].http://ssrn.com=1392782,2009.

规模日益庞大,面临很大的保值增值压力。这就要求有一个良好的投资环境。Palacios 等(2001)[①]指出,越来越多的国家在第二层次引入强制性的缴费确定制计划,随着这些计划的成熟,它们改革的成功将取决于保险行业良好的监管与竞争,并会影响个人爱好与公共政策目标的平衡。他们以秘鲁、阿根廷、智利和哥伦比亚四国为例,指出四国的年金市场处于一种紧急的状态。这些市场不够透明,监管不够严格。随着养老金改革的深化,将来几十年的年金市场将发展很快,当这些计划覆盖面有限的时候,应当及早改进监管,提高透明度。

Holzmann 等(2000)[②]利用智利和阿根廷两国的调查数据,用计量经济学的工具,进行实证研究,证明了贫困者、文盲与自我雇佣者严重阻碍养老金覆盖面的扩大。由于多层次体系的基本缺陷,需要形成一个正式的退休保障可携带性、有弹性和可支付的体系。他们提出以下建议:第二层次的结构调整存在很大的空间;为未被覆盖的劳动者提供重要的社会和经济利益,保证老年人的收入保障。这些研究表明,多层次体系更多地强化了企业和个人的责任,以便减轻国家的负担,但同时也忽略了一些弱势群体的利益,当他们无力提供自我保障或者没有企业分担交费压力或分散风险时,就需要政府提供最基本的收入保障,以体现社会公平,维护社会与政治的稳定。

三、关于多层次养老保险体系的适应性问题研究

Reday 等(1999)[③]总结了意大利、瑞士和中东欧国家关于多层次的养老金计划的经验,提出在日内瓦的适用性。他们提出:基于现收现付的第一层次必须维持,改革的方向是减少第一层次,即可以通过提高退休年龄、延长缴费期限、减少待遇水平和价格调节机制等,来减少第一层次在将来退休

① Robert Palacios, Rafael Rofman. Annuity markets and benefits design in multi-pillar pension schemes: experience and lessons from four Latin American countries[R]. Social Protection Discussion Papers and Notes with No.23159, 2001.

② Robert Holzmann, Truman Packard, Jose Cuesta. Extending coverage in multi-pillar pension systems: constraints and hypotheses, preliminary evidence and future research agenda[J]. Social Protection Unit Human Development Network of The World Bank, 2000:1-28.

③ Reday-Mulvey, Genevieve. Establishment of multi-pillar systems for financing pension [J]. Geneva Papers on Risk and Insurance-Issue and Practice, 1999: 436-458.

的总收入中的优势,提高第二层次职业年金的地位。他们还提出 21 世纪养老保险改革的一个很有意思的新设想:在三层次的基础上,增加第四层次,即由退休后的兼职工作收入组成。William(2007)[1]评价世界养老保险制度改革的成败及其原因,并根据非洲等发展中国家的改革经验,提出建立多层次养老保险体系,为其他类似国家提供一个参考,改进政府的政策和管理。以上研究主要针对改革起步国家的具体情况,分析多层次养老保险体系的适应性。

对于一些转型国家的适应性问题的研究,主要集中于理论上的必要性与可行性的分析和实际操作的措施建议。Liina 等(2004)[2]分析爱沙尼亚的养老保险制度改革在一定程度上保证了养老保险制度财务上的可持续性,但是并没有达到另外两个目标——保证养老金的安全、充足,满足社会以及个人的需求变化,从而建议实施多层次的养老保险制度,并指出面临的挑战,提出相关的政策建议。

Williamson 等(2003)[3]针对中国巨额保险基金的保值增值风险、养老保险体系改革中转制成本的显性化和金融市场的弱势,指出中国多层次的养老保险体系中第二层的 FDC(基金账户)计划转换为 NDC(名义账户)计划更为合理。主要是 NDC 有很多优势:防止工薪税的增加,使未来的工薪税负担更轻;具有可携带性;养老金规模与缴费之间的透明度可激励职工推迟退休,对劳动市场具有调节作用;更适合于中国金融市场的实际情况;缓解转制成本的影响。同时指出 NDC 的缺点主要是不能成为投资资本的来源。他们的这一观点得到林义教授(2004)的赞同并极力推广,也为我国多层次养老保险体系改革提出了新的思路。

① Akwimbi Ambaka William. Critical review of literature on the factors pertaining to financial sustainablity of social security schemes [D]. Nairobi: School of Business University of Nairobi,2007.

② Kulu Liina, Janno Reiljan. Old-age pension reform in Estonia on the basis of the World Bank's multi-pillar approach [J]. Washington:University of Tartu-Faculty of Economics & Business Administration Working Paper Series,2004:3-60.

③ John B. Williamson, Matthew Williams. The notional defined contribution model: an assessment of the strengths and limitations of a new approach to the provision of old age security[Z]. Boston:Center for Retirement Research at Boston College,2003.

四、关于多层次养老保险协调发展问题的研究

多层次体系中的各个主体之间是风险和责任分担的关系,各层次功能之间是互补的关系,这由各自在整个体系中的比重得到体现。所以,对各层次的地位与协调发展的探讨,也是一个重要方面。Williamson等(2003)[①]评价了NDC作为一个新的养老保险模式存在的优势与不足,阐述了怎样把NDC整合进一个四层次的养老保险体系中。其优势是使得缴费的多少与最终养老金的权益的关系更加明确,NDC的转制成本低于基金制的DC计划。但是,也存在不利的地方:低收入工人缺乏收入再分配而获得养老金不足,同时,NDC缺乏许多潜在的经济权益,比如分享经济增长成果。总体来说,NDC或许会成为西欧多数国家采用的模式。

David(2003)[②]分析了在多层次养老保险体系中DC(缴费确定制)与DB(水平确定制)计划的协调问题,建议:建立一个多层次养老保险体系,DC的退休年龄早于DB计划的退休年龄,从两者的协调中可以获得潜在的收益,更节约成本。在DC与DB之间的不同退休年龄水平,协调以DC账户的利益,可能减少DB资产成本和DB投资风险之间的利益冲突。Reday等(1999)[③]以智利和美国为例,指出第二层次的优势和风险:当第一层次较弱时,第二层次如果能够作为有效的退休收入替代的补充来源,第二层次就具有更强的适应性。英国和经合组织国家最近的改革明显集中于安排和协调多层次的形式。

0.2.2 国内文献研究

一、国内关于多层次养老保险体系的研究及文献综述

(一)关于多层次养老保险基本理论的研究

早在1994年世界银行提倡各国政府建立一个多层次的养老保险体系之前,我国就于1991年开始了多层次养老保险改革的尝试,并引起了理论

---

① John B. Williamson, Matthew Williams. The notional defined contribution model: an assessment of the strengths and limitations of a new approach to the provision of old age security[Z]. Boston: Center for Retirement Research at Boston College, 2003.

② David. A note on the use estate taxes and payout restrictions to fund multi-pillar pension guarantees [J]. Ssrn Electronic Journal, 2009.

③ Reday-Mulvey, Genevieve. Establishment of multi-pillar systems for financing pension[J].Geneva Papers on Risk and Insurance-Issue and Practice,1999:436-458.

界的高度关注。我国对多层次养老保险的研究主要集中于基本理论研究、各层次的协调发展研究、某一层次的研究或者对某一特殊群体的研究。

关于多层次养老保险的基本研究最多,具体内容包括基本的内涵与功能分析、可行性与必要性分析、基本的框架设计等。

李树挺等(1994)[①]揭示了多层次的保险体系含义是"由国家基本社会保险、企业补充社会保险和职工个人储蓄社会保险组成的相互联系、相互补充的社会保险制度",同时也对实施多层次社会保险体系的可行性进行了分析。朱青(2000)[②]对多层次养老保险给出了更明确的定义:"多层次的养老保险制度是指人们的老有所养问题要通过多种渠道来解决,不能单纯依靠政府的社会保障,而是由政府、企业和职工个人三方共同承担养老责任。多层次的老年经济保障制度一般包括政府的社会保障、企业的补充养老保险和个人的自愿性养老储蓄。发展多层次的养老保险体制主要是为了减轻政府的养老负担,并增加养老制度的灵活性。"同时提出多层次养老保险制度的理论基础和基本框架。

林义、辛本绿等对多层次的养老保险体系进行了制度研究。林义(2001)[③]剖析西方国家在多层次社会保险制度改革中逐步缩小政府的保障空间、拓展企业补充养老保险和个人储蓄保险的保障空间的这种私有化倾向有其制度和文化根源,提出我国进行多层次的养老保险体系改革不能盲目地私有化,而应强调政府保障责任与家庭、企业和社区保障相结合,建立具有中国特色的多层次的养老保险模式。类似地,辛本绿等(2005)[④]对多层次的养老保险进行了制度分析,提出在自发性、诱致性和强制性制度综合发挥作用机制下建立多层次养老保险制度是我国的合理选择,通过差异性制度的安排,来满足老年群体的不同需求。

---

① 李树挺,等.中国社会保险问题与对策研究 [M].北京:北京航空航天大学出版社,1994:127-133.

② 朱青.中国养老保险制度改革:理论与实践 [M].北京:中国财政经济出版社,2000:179-209.

③ 林义.西方国家社会保险改革的制度分析及其启示[J].学术月刊,2001(5):29-36.

④ 辛本绿,蒲新微.在自发性、诱致性与强制性之间——多支柱养老保障模式的制度分析及建构[J].学习与探索,2005(5):124-126.

丁红娟等(2009)[①]指出,仅仅靠统账结合的基本养老保险替代率过低,在我国应该建立五层次养老保险体系:第一是自我保障,主要靠家庭和个人;第二是政府责任,普惠式的国民养老保险;第三是政府主导、责任分担,体现公平与效率的养老保险;第四是建立企业年金,发展补充养老保险;第五是建立诸如社区养老的补充保障。林毓铭等(1996)[②]以全球多层次养老保险体系为研究对象,分析了多层次养老保险的结构与基本功能,分区域指出现行的养老保险制度的缺陷,提出多层次养老保险体系的改革框架为强制储蓄、再分配和自愿储蓄等三层次,并且分别对欧洲、亚洲和美洲的改革措施提出建议。刘智、胡宝刚(1998)、张秋月(2001)、沈浮(2005)、李晓冬(2009)、杨微(2000)、孙莉萍(1998)等阐述了建立多层次养老保险的重要性,并提出相关的措施。

(二)关于多层次养老保险体系的协调发展研究

我国的多层次养老保险体系的实践探索进展慢,关于协调发展的研究较少。胡秋明和孙静分别从实现功能、待遇水平及基金管理模式和财政责任分担的角度分析了企业补充养老保险、国家基本养老保险和商业养老保险的协调发展问题。胡秋明(2000)[③]指出多层次养老保险制度体系的实质是将原来基本养老保险的部分责任转移出来,减轻国家财政养老支出负担。他通过分析企业补充养老保险与基本养老保险功能上的协调、待遇水平的协调和基金管理模式的协调来体现二者在多层次体系中的相互协调、相互配合的关系。

孙静(2005)[④]指出,我国多层次养老保险制度陷入困境的根本原因是养老保障责任不清,政府责任无限膨胀和市场作用难以发挥,从而挤压了企业年金和商业养老保险的发展空间,提出通过正确处理三大关系——国家、企业和个人的关系——来划清养老保障的责任,明确各层次的责任主体,分担风险,调动企业和个人的积极性,使各层次在功能上互相补充,以使整个养老保障体系趋于最优。

---

① 丁红娟,史健勇.关于养老保险"统账结合"模式的思考——从替代率和多支柱的角度[J].北方经济,2009(6):8-9.

② 林毓铭,龚觉非.世界呼唤多支柱的养老保险体系[J].上海保险,1996(6):47-48.

③ 胡秋明.多层次养老保险制度协调发展探讨[J].财经科学,2000(3):90-93.

④ 孙静.多支柱养老社会保障的责任分担机制研究[J].财政研究,2005(7):48-50.

(三)以多层次养老保险体系中某一层次或某一特殊群体为重点的研究

从不同的侧重点分析多层次养老保险或者以某一特殊群体为对象提出多层次养老保险体系的研究,也不乏其人。

1.侧重某一层次的研究。单琰秋(2006)①强调发展补充养老保险的理论意义和现实需求,从保障职工退休后的待遇水平、密切企业与职工的关系,增强企业凝聚力、积累大量资金,减轻人口老龄化压力、促进我国经济增长等方面来阐述补充养老保险的重要性。陈文辉(2008)、张建伟和胡隽(2007)、王辉(1997)强调充分利用商业保险的精算服务、筹资和给付方案的设计以及基金管理的优势,将商业保险纳入多层次的养老保险体系中,以发挥其重要作用。苏华等(2008)②提出要开拓商业养老保险市场,从国家的宏观环境和保险公司经营策略的改变,分析商业养老保险在多层次养老保险体系中有重要作用。周熙(2007)③从社会资本的角度探讨家庭保障在多层次养老保险体系中的重要作用,提出要结合中国的文化传统和社会环境,增进社会资本,完善我国的养老保险制度,建议将家庭养老纳入多层次的养老保险体系中。类似地,姚凤民、李志刚等(2002)强调家庭养老对我国多层次养老保险体系中第三层次的补充作用。

2.以某一特殊群体为对象进行多层次养老保险体系的研究。由于受我国二元经济结构的影响,不同的群体享受养老保险的时间差异较大,筹资渠道和保障水平也存在较大差别。因此,也有以某一特殊群体为对象进行多层次养老保险体系的研究,如吴艳华(2005)、樊舸(2008)、李朝晖(2009)讨论多层次的农村和返乡农民工养老保险体系。

二、国内对失地农民养老保险的研究及文献综述

(一)主张政府型的失地农民养老保险的研究

这方面的研究比较早,都主张建立政府主导的失地农民养老保险制度,研究成果也最多。根据研究的侧重点,归类如下:

---

① 单琰秋.发展补充养老保险,建立多层次养老保障体系[J].宜宾学院学报,2006(4):55-57.

② 苏华,肖坤梅.掘金商业养老保险市场[J].上海经济,2008(4):50-51.

③ 周熙.我国养老保险制度的再思考——基于社会资本的角度[J].山东经济,2007(4):28-31.

1.关于土地换保障的研究。楼喻刚、金皓(2002)[①]认为:土地征用补偿应该包括养老保障因素,这是因为土地承担着养老的功能,此外这种养老保障金还应该视为农村老年人在过去的几十年为社会经济建设积累做过的贡献。卢海元(2003)[②]明确提出"土地换保障"的思路。他认为安置失地农民的过程实质是一个土地换保障的过程,为保障失地农民失地后的生存和发展,征地补偿费应包含生活费用、就业和创业资本、住房、社会保障以及土地增值收益。为支持建立失地农民养老保险制度,卢海元还建议完善多元化的社会保险筹资机制。后来全国各地都采用这个思路,实施土地换社保,取得了良好的效果。

2.关于失地农民养老保险基金的来源,有两种观点。黄小虎(2003)[③]认为,征地中土地补偿安置费以及土地转用后的增值收益是农民社会养老基金的主要来源,由于农民是被动失地,其实质是为国家城市开发做出贡献。另一种观点是养老保险费可以由中央政府和地方财政拨款、失地农民养老保险基金运营收入以及慈善机构的捐赠等几种形式构成。鲍海君、吴次芳(2002)[④]认为失地农民养老保险费应由国家、集体、个人三者共同承担。

3.资金运营和资金监管方面。朱明芬、李一平(2002)[⑤]认为,在基金运营方面可引入竞争机制委托专门的投资机构进行操作。根据我国的实际情况,可以交由银行等金融机构经营管理,实现基金的保值增值。

4.对现行失地农民养老保险制度进行综合分析与评价并提出相关的政策建议方面。杨翠迎(2004)[⑥]以浙江省10个市为例,从政府责任、基金的管理与监督、保险精算理论等方面分析和评价了现行失地农民养老保险制

---

① 楼喻刚,金皓.城市化进程中土地被征用农民养老保障问题初探[J].西北人口,2002(1):27-29.

② 卢海元.土地换保障:妥善安置失地农民的基本设想[J].中国农村观察,2003(6):48-54.

③ 黄小虎.关键在转变政府职能——依法保障农民土地财产权益[J].中国土地,2003(2):21-22.

④ 鲍海君,吴次芳.失地农民社会保障体系建设[J].管理世界,2002(10):37-42.

⑤ 朱明芬,李一平.失地农民利益保障问题到了非解决不可的地步[J].调研世界,2002(12):32-34.

⑥ 杨翠迎.失地农民养老保障制度的分析与评价——以浙江省10个市为例[J].中国农村经济,2004(5):61-68.

度存在的问题,并就保险费收取与保障水平的设计、健全和完善管理与监管机制以及建立资金的安全收缴机制等方面提出相关建议。杨一帆(2008)[①]提出构建包括就业、医疗和基本生活保障复合型的失地农民社会保障制度。冼青华(2006)[②]在分析失地农民的特点和评价现行的失地农民养老保险试点情况后,提出采用多样化失地农民养老保障方式,并结合相关配套措施,充分利用商业保险公司的优势,为经济条件较好的失地农民提供更多的养老计划选择。主张政府型失地农民养老保险的还有范志翠(2017)、思睿和张燕珍(2015)。

(二)主张商业型的失地农民养老保险的研究

徐强(2009)[③]通过对河南省失地农民养老保险的实证分析,认为失地农民养老保障的商业化具有可行性:有利于政府转换职能,降低社会养老保险运作成本;促进保险公司整体业务向深层次发展。他从国家政策引导、拓宽筹资渠道和保险产品创新等方面提出相关政策建议。胡国富、杨雪萍(2003)[④]从失地农民参加商业养老的社会效益出发,建议商业保险公司先行介入失地农民养老保险,作为一种过渡的安排,待条件成熟后推出社会养老保险,逐步实现失地农民社会保障水平向城镇居民社会保障水平看齐。赵国辉(2005)[⑤]和王志峰等(2006)[⑥]对商业型的失地农民养老保险制度的必要性与可行性进行分析后,提出具体的政策建议:建立多方支撑的养老机制,提供差异化的养老保险产品,寻求国家政策的倾斜,等。张媛(2018)和王积田、陈法丹、黄梦楠(2016)做了类似的研究。尽管赞同这一观点的人不多,但商业保险公司参与到失地农民养老保险中的思路,为失地农民提供补

---

① 杨一帆.失地农民的征地补偿与社会保障——兼论构建复合型的失地农民社会保障制度[J].财经科学,2008(4):115-124.

② 冼青华.试论建立失地农民养老保险制度[J].经济与社会发展,2006(5):90-92.

③ 徐强.失地农民养老保障的商业保险化解途径——基于河南省失地农民的实证分析[J].平顶山学院学报,2009(2):39-44.

④ 胡国富,杨雪萍.关于商业保险先行介入失地农民养老保险的几点思考[J].资料通讯,2003(10):5-7.

⑤ 赵国辉.失地农民养老堪忧,探索商业养老保险解决途径[J].中国保险,2005(9):15-17.

⑥ 王志峰,黎玉柱,肖军梅.我国失地农民参加商业养老保险研究[J].农村经济与科技,2006(12):76-77.

充的养老保障拓宽了视野。

（三）主张"政府型＋商业型"的失地农民养老保险的研究

失地农民养老保险制度试行以来，人们逐渐发现，单纯依靠政府型的养老保险或者商业型的养老保险都不能很好地解决问题。因此，以秦士由（2008）[①]为代表，还有刘子操（2005）、冼青华（2006）、杨炳照（2009）、陈妍、周红雨和李琴芬（2006）探索通过社会保险与商业保险的结合来为失地农民提供稳定的保障。秦士由以重庆失地农民养老保险模式进行评价后得出结论：由政府组织、委托商业保险公司运作，通过商业保险和社会保险协同配合是优化失地农民养老保险的理想运作模式。但是，他的协同配合是指：将失地农民养老保险纳入基本养老保障政策框架，由保险公司提供具体经办服务。其实质是只有基本的社会养老保险，并没有体现给失地农民提供多层次养老保险的思路。多层次的失地农民养老保险的建议最早是周森彪、朱海霞（2004）[②]提出的：第一层次为政府提供的失地农民最基本的老年经济保障，第二层次应该引入商业保险作为补充，第三层次是社会救济和慈善基金。李长远、陈贝贝（2007）[③]建议以基本养老保险制度为核心，建立个人储蓄养老保险体系，国家在利率、税收方面给予优惠，积极倡导非制度性的社区互助保障、家庭赡养等。陆峰、王敏琦、刘昕晰（2011）[④]也提出要建立失地农民多层次的养老保险体系，但是没有提出具体的方案。卢艳、龙方（2015）从农地征收补偿公平性角度出发，提出通过市场解决补偿价格，推广征地补偿资本模式，构建全国统一、公平、合理的养老保险制度，并结合村委、集体经济等力量构建多方参与的养老保险体系。郝丹、陈晓东（2017）在对现有失地农民养老保障模式评价的基础上，提出对失地农民建设多层次养老保险体系。郭喜（2012）提出对被征地农民实施融合型养老保险模式。

---

① 秦士由.运用商业保险机制优化被征地农民养老保障运作模式[J].保险研究，2008（1）：59-61.

② 朱海霞.完善被征地农民养老保障制度[J].江苏农村经济，2004（8）：36-37.

③ 李长远，陈贝贝.构建城乡融合的失地农民养老保险制度[J].河北科技大学学报（社会科学版），2007（2）：17-20,71.

④ 陆峰，王敏琦，刘昕晰.发达经济体失地农民养老保险比较研究[J].上海保险，2011（5）：40-43.

0.2.3 对现有文献研究的评述

国外关于多层次的养老保险的综合性基础理论研究为西方国家多层次的养老保险体系改革提供了科学的理论基础。研究成果显示,建立多层次的养老保险体系,实现风险在国家、企业和个人之间的分散,强化企业和个人的责任,使得各层次在整个体系中的功能互补,避免了单一的国家建立的基本养老保险模式由国家承担过多风险的弊端,从而减轻了国家财政负担,有利于社会经济的发展。同时,为保证改革的顺利实施与持续发展,也需要良好的宏观经济环境和体系本身的微观基础。相关研究成果主要体现在三个方面:一是研究具有预见性,在养老金制度设计时要有长远的目光,或者发现制度运行的问题应及时解决。改革是一个渐进的过程,不能操之过急。二是在分析某国的成功经验或者失败教训的同时,对多层次的养老保险体系在其他国家的建立,提出有益的建议,避免发生同样的失误。总体来说,多层次的改革是一个世界性的必然趋势。三是指出了多层次体系没有一个固定的模式,各地可以根据实际情况,调整各层次的比例,发挥各自的优势,以达到协调发展的目标。

国内关于多层次养老保险体系的研究对确立我国多层次养老保险的政策思想,构建具有中国特色的养老保险体系,并付诸实践提供了科学依据和理论指导。总的结论是我国的养老保险体系以基本的养老保险为主,比重过大,挤压了第二、第三层次的发展空间,导致第二、第三层次的作用没有得到充分发挥。

我国的土地国有制和征地过程中出现的诸多问题,使得大部分失地农民变成了新的弱势群体。从保险学、社会学和福利经济学的角度出发,建立失地农民养老保险体系是一种必然选择。众多学者从不同角度对我国失地农民养老保险制度的分析研究,为本书的进一步探讨提供了重要的帮助。这些研究成果,从失地农民养老保险的制度设计、保险费的分担到保险基金的筹集与管理,对现行失地农民养老保险政策的实施及将来的改革和完善有很大的帮助,也启发本研究建立多层次的失地农民养老保险体系的构思。

但是,目前对失地农民养老保险问题还缺乏系统研究。曾经有人提出过失地农民多层次养老保险体系构建的思路,但是缺乏专门的深入研究。如何吸取中外养老保险制度改革的经验与教训,建立多层次的失地农民养老保险体系,根据失地农民的实际需求,为他们提供相应的保障,是一个重要而又紧迫的课题。

0.3 研究方法、研究思路及逻辑结构

0.3.1 研究方法

一、跨学科的方法

养老保险是一项复杂的系统工程,涉及多方面的问题,必须进行跨学科交叉研究。本书综合运用保险学、社会保障学、福利经济学、农村经济管理等多学科的理论与方法,对建立多层次的失地农民养老保险体系进行全方位分析。

二、实证分析与规范分析相结合的方法

本书对失地农民养老保险的实施效果进行实证分析。同时运用社会学、保险学、福利经济学和制度经济学理论,对多层次失地农民养老保险体系的框架设计、对策建议以及配套对策的理论依据做规范分析。为失地农民建立一个多层次的养老保险体系,体现出国家、集体、用地单位和个人共担风险的机制,满足失地农民的需求,为他们提供适度的养老保险,具有重要的现实意义。

三、比较分析的方法

对失地农民产生的背景及其安置途径进行国外与国内的横向比较,从中得到一些有益的启示和经验教训;对中国的土地征用制度、补偿标准和城市化的特征进行历史比较,宏观经济环境发生变化,对失地农民的补偿标准和安置途径也要作适当调整,如此才能妥善地安置失地农民,使其顺利地向市民转变,并能够分享城市化带来的成果。

四、逻辑分析的方法

通过分析单一层次的养老保险制度的弊端,阐述多层次养老保险体系可充分发挥各层次的优势,并确定每一层次的替代率。经过综合分析,建议构建三层次的失地农民养老保险体系,并使各层次协调发展,以达到效率的最优。

0.3.2 研究思路及逻辑结构

基于当前失地农民养老保险的研究现状,本书关于失地农民多层次养

老保险体系构建的研究思路立足于我国失地农民保险政策实施的现状,充分考虑城市化背景下产生的失地农民养老问题的特殊性,比较分析国外对失地农民安置政策及养老保险制度,梳理我国土地征用政策、城市化特征以及对失地农民政策的演变,剖析失地农民养老问题产生的原因,构建失地农民多层次养老保险体系理论与政策分析框架,以期能够为我国失地农民养老保险理论研究和政策实践提供有前瞻性的发展思路和政策建议。

本书的总体研究思路如下:一是立足于土地的保障功能及失地农民的养老风险显性化,梳理养老保险经济学理论、土地地租理论与土地权益理论、政府经济学关于政府适当干预市场的理论以及社会保险与商业保险融合发展的理论,夯实失地农民多层次养老保险体系的理论基础,并提出构建失地农民多层次养老保险体系的理论分析框架,以弥补现有对失地农民养老保险理论研究的不足。二是对失地农民产生的背景及其安置政策进行国际比较,分析中外失地农民产生的背景及安置政策,尤其对我国的城市化特征、土地征用政策和对失地农民安置政策演变进行了梳理;比较分析中外失地农民安置政策及养老保险制度,提炼可以借鉴的启示。三是分析我国失地农民养老问题的特殊性,对现有的失地农民养老保险政策的不足进行评价;从失地农民养老保险的特殊性、政府责任的体现、不同保障需求的满足、风险共担的实现、商业保险优势的发挥等方面分析构建多层次养老保险体系的必要性与可行性。四是基于失地农民养老问题的特殊性,提出构建三层次养老保险体系的构想,出于以下考量:第一,关于农民养老问题,在国际上没有一个固定的模式。根据世界银行的五层次养老保险体系的建议,实际上本书的第二层次统账结合的基本养老保险已经包含了世界银行提出的国家举办、强制储蓄的第一层次和以收入再分配为特征的第二层次。第二,基于我国养老保险碎片化的现状,多种制度的衔接不可逆转,以便于将来与其他养老保险制度衔接,基本养老保险实施统账结合,与城镇职工养老保险运行模式一致。五是立足我国的国情,根据失地农民养老保险体系正常运行所需的微观基础和宏观环境,提出相应的对策建议和配套措施。

全书分7章,如图0-1所示,各章的研究内容和逻辑结构如下:

导论:提出本书所研究的问题,阐明研究背景和研究意义,对国内外研究现状进行梳理和评述,阐述本书的研究方法、研究思路及总体框架,指出本书可能的创新点和存在的不足。

第1章:失地农民养老保险的基本理论。立足于土地的保障功能及老年保障风险,诠释失地农民养老保险的基本理论。阐述土地的功能以及对农民的重要意义;界定失地农民的概念并与农民和农民工进行比较;分析老年风险及对养老保险的需求;阐述养老保险的基础理论并以此确定本书研究失地农民多层次养老保险体系的理论基点。

第2章:失地农民产生的背景及其安置政策的国际比较。对我国城市化的进程及特征、中国土地征用政策的变迁以及对失地农民的安置政策的演变进行历史分析;并以此为基础,对发达国家和发展中国家的失地农民的产生及其安置政策和失地农民养老保险制度进行比较分析,旨在总结经验与教训。

第3章:中国失地农民养老问题的特殊性及现行的养老保险措施。论述失地农民养老问题的特殊性在于农民失地后总体生活水平下降导致抗风险能力减弱,传统的养老保障功能迅速弱化,人口老龄化,等;分析失地农民养老问题的原因有土地征用制度的缺陷、征地中政府职责的错位和城乡养老保险的二元结构等;分析现行的失地农民养老保险措施,并对其不足进行评价。

第4章:中国失地农民多层次养老保险体系的框架设计。基于失地农民养老保险的特殊性和政府责任的体现、满足不同保障需要、实现风险共同承担、发挥商业保险的优势以及非经济因素等分析,论证构建失地农民多层次养老保险体系的必要性。本书构建的三层次养老保险体系是:第一层次强制性的基本养老保险,第二层次强制性的专业年金即补充养老保险和第三层次个人储蓄养老保险。并对各层次及其关系进行阐述。本书还就设计科学的筹资机制、保险费缴纳方式和各层次的运行模式等进行探讨。

第5章:中国失地农民多层次养老保险体系运行的对策建议。论述保障失地农民多层次养老保险体系正常运行的四个方面,包括确定合理的保障水平、多层次体系中各层次的协调发展、强化基本养老保险个人账户基金的私营化管理和拓展商业性养老保险市场。

第6章:中国失地农民多层次养老保险体系运行的配套措施。立足于我国国情,为创造良好的宏观环境,需要采取以下的配套措施:土地管理制度的改革与完善、安置途径的多元化、就业服务的强化以及与相关养老保险制度的衔接等。

第7章:结论及展望。提炼本研究的基本结论,对未来的研究方向进行展望。

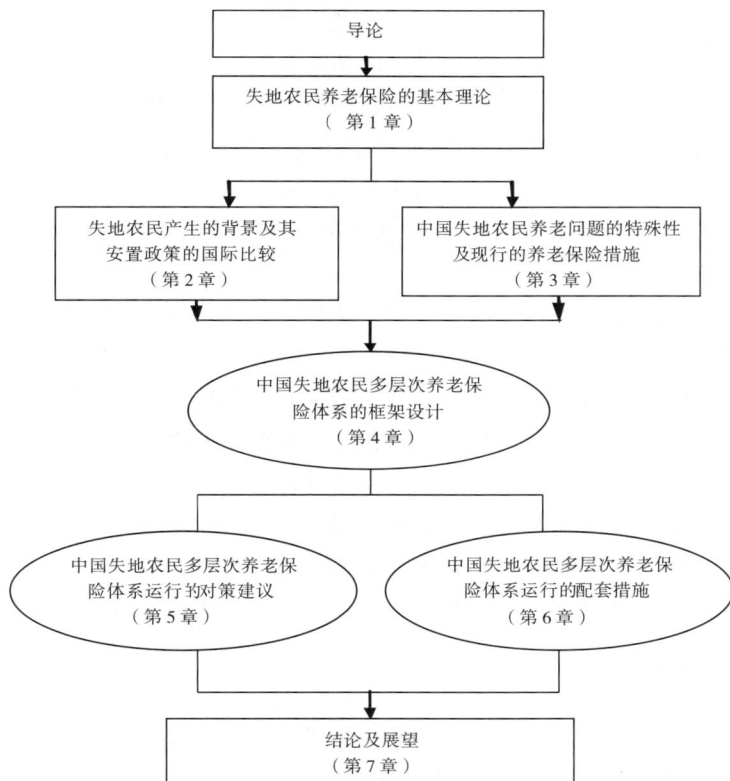

图 0-1　本书的逻辑结构图

0.4 可能的创新与不足

0.4.1 可能的创新

第一,研究视角的创新。国内现有关于失地农民养老保险的研究,多侧重于某一方面,比如保险模式(即主张政府型或者商业型的养老保险)、保险基金的筹集与监督管理、保障水平的确立、征地补偿的测算等,缺乏系统性的深入研究。本书尝试结合社会保险、保险学与福利经济学理论,系统研究失地农民养老保险制度,确立了构建失地农民多层次养老保险体系的研究框架。

第二，本书基于失地农民养老问题的特殊性与多层次养老保险的基础理论，构建了三层次失地农民养老保险体系，融合了世界银行提出的五层次养老保险体系的思路和国外对城市化进程中剩余劳动力的养老保险安置的实践经验，为解决中国失地农民的养老保险问题提供了思路。这一体系的构建，通过社会保险与商业保险有机结合，充分利用社会资源，有助于实现失地农民养老保险在国家、集体、个人和用地单位的风险共担，提高养老保险体系的运行效率。

第三，提出了基本养老保险盯紧社会平均工资的观点，初步建立了基本养老保险统筹部分保险费的精算模型。虽然我国城镇职工养老保险统账结合的模式已实施了近 20 年，但是，到目前为止，养老金水平调节机制没有确立。本书在总结我国城镇职工养老保险金调节规律的基础上，运用基本养老金给付结构的基础理论，提出基本养老保险金盯紧社会平均工资的建议。同时，立足失地农民基本养老保险统账结合的运行模式和大部分选择趸缴保险费的特征，尝试建立失地农民趸缴保险费的投保方式下社会统筹账户保费缴纳金额的精算模型，为明确政府在投保时的财政责任提供了依据。

0.4.2 存在的不足

由于作者的知识结构和能力所限，本书存在的不足主要有：

第一，建立的数学模型可能不够精确，对一些参数考虑欠周全，有待于在以后的研究中进一步改进。

第二，本书偏重于理论分析框架，实证分析相对不足。对失地农民养老保险政策不足的评价，更多的是基于相关文献和论文整体思路进行分析，实务操作有待检验。与社会保险机构和商业保险公司沟通相对较少，有些实务上的信息主要通过电话咨询，统计数据尽量采用权威机构所发布的信息。所以，有的数据不一定很全面或者是最新的，可能会在一定程度上影响分析的结果。

1.失地农民养老保险的基本理论

　　失地农民养老保险的基本理论涉及两个方面：一方面是基本的概念及其关系阐释，通过分析土地的保障功能及其对农民的意义，厘清失地农民及相关的概念，明确研究对象，并为进一步的分析奠定基础；另一方面是失地农民养老保险的理论基础。失地农民养老保险的理论基础来源于三个方面：一是养老保险的经济学理论，关于养老保险的经济学理论包括政治经济学和新古典经济学两大流派，它们从不同的角度对养老保险的起源作了解释并进行绩效判断。由于两大学派研究的方法与侧重点不同，政治经济学在早期的养老保险研究中处于主导地位，而在后期被新古典经济学派取代。二是土地的地租理论与土地权益理论，由于失地农民是一个特殊的群体，其养老保险体系的构建及运转，与土地的功能密切相关，离不开土地地租理论和土地权益理论的支撑。三是政府经济学关于政府适当干预市场的理论和社会保险与商业保险融合发展的思想，在全球进行多层次的养老保险制度改革的浪潮中，发挥了重要的指导作用。本章通过梳理基本理论的各种核心内容，以期找到构建失地农民多层次养老保险体系的理论依据。

1.1 土地的功能及其对农民的意义

　　土地的功能主要是指土地的作用。土地作为一种自然资源，是人类生存与发展的首要物质基础。中国是一个历史悠久的农业大国，土地不仅是劳动对象，而且是一种必需的劳动资料。土地本身具有的基本功能和保障功能，使得土地对于农民来说，具有多重的效用，农民与土地有着天然的依存关系，因此，中国的农民对土地具有深厚的感情。

1.1.1 土地的功能

一、土地的基本功能

关于土地的功能,曾有中外学者名人做过精辟的描述。马克思曾经指出土地是"一切生产和一切存在的源泉"[①],是人类"不能出让的生存条件和再生产条件"[②]。威廉·配第曾说过"劳动是财富之父,土地是财富之母"[③]。中国是一个古老的农业大国,具有五千年的农耕文明史。

具体地,土地的基本功能有:一是承载功能。土地由于其物理特性,具有承载文化的功能,因而成为人类进行一切生产和生活活动的场所和空间,成为人类建设房屋、道路的地基。二是生产功能。只有具备了良好的环境与条件及其功能,才有了地球上的生物生长繁育,人类也才得以生存和发展。同时,由于土地的质量和地理位置的不同,土地的生产功能存在差异,单位土地带来的产值差别也很大。农地被征用后,可以有多种利用方式,生产功能变化大,还有土地存在着潜在价值和转变用途后可能带来的增值收益等。三是资源功能。土地是财富之母,是生产资料的原始来源。人类要进行物质资料生产,需要大量资源,如建筑材料、矿产和能源等。而这些石油、煤炭、水力、天然气、地热等自然资源都蕴藏在土地中。没有土地,就没有自然资源,就无法进行工农业生产,人类就不能生存和发展。四是政治功能,即维护政局稳定的功能。在中国漫长的历史时期内,土地分配是否均等,农民与土地的关系是否稳定,决定着整个社会阶级和利益结构是否均衡和稳定,从而直接影响着社会的发展和政权的稳定。所以改革土地制度,协调农民与土地的关系,成为历代统治阶级调解矛盾、发展经济和稳定民心的重要手段。因此,我国农村的土地具有很强的社会政治功能。

二、土地的保障功能

土地的基本功能是其与生俱来的,属于自然属性。由于人类对土地的利用和开发以及土地资源的稀缺性,衍生出土地的社会性功能,即保障功能,形成了土地功能的二重性,这从我国的土地制度和农村社会保障发展历

① 马克思,恩格斯.马克思恩格斯全集(第2卷)[M].北京:人民出版社,1995:24.
② 马克思,恩格斯.马克思恩格斯全集(第25卷)[M].北京:人民出版社,1974:916.
③ 转引自马克思,恩格斯.马克思恩格斯全集(第23卷)[M].北京:人民出版社,1972:57.

程可以得到充分体现。① 封建社会强调以家庭生产为单位,土地作为农民自给自足的生产资料,担当了重要的角色。中国农民最大的愿望是"耕者有其田",中华人民共和国成立后,国家在农村分田地,实行土地改革,土地保障配合国家低水平的社会保障制度,农民得到了最基本的生活保障。人民公社时期,集体组织承担了所有的社会保障功能。党的十一届三中全会以后,实行家庭联产承包责任制,村集体组织的经济保障功能丧失,土地的保障功能得到加强。

归纳起来,土地对中国农民有五大保障功能。一是产出保障功能。土地作为一种重要的生产资料,本身具有产出功能,能够为农民带来直接经济收益,提供基本的生存和生活的资料。二是保障就业功能。农民进城后从事的工作不需要很高的技能,可替代性高,因此,一旦失业,回乡耕种土地成为他们最后的"工作"。三是养老保障功能。由于土地具有吸收劳动的功能,老年农民可以耕种土地自给自足,不需要子女赡养。四是继承功能。《中华人民共和国农村土地承包法》第 31 条规定承包土地的收益,可以由其继承人在承包期内继续承包。这种规定有利于家庭和社会稳定,保障了承包经营权人的权益,也鼓励农民对土地积极投资与爱护。五是流转获利功能。土地可以通过流转实现优化配置,以提高效益。土地流转获利功能主要体现为:一是通过土地的内部流转,使经济效益在承包经营权人和集体间进行分配;二是集体土地被征用后,可以获得补偿。

1.1.2 土地对农民的意义

土地是人类生产活动的基地,是人类的衣食之源,直接、间接提供人类所需要的一切生活资料。因此,拥有土地对农民来说十分重要。农民拥有了一定量的土地,至少可以为自己生产足够的食物。这充分说明,土地对农民而言是生存、发展和养老的基础。农民拥有土地产权一定程度上就拥有生存、发展和养老保障权利。根据王克强(2005)对甘肃、湖北、江苏和上海四省市所做的调查及实证结果,土地对农民有多重效用(见表 1-1)。

---

① 蔡霞.中国农村土地的社会保障功能分析[J].广西经济管理干部学院学报,2010(01):22-26.

表 1-1　土地对农民的多重效用值

效　　用	效用值
生活保障效用	0.375 1
直接经济效益效用	0.226 9
就业机会效用	0.138 3
征地后可以得到补偿效用	0.106 7
子女继承效用	0.099 2
以免重新获取时支付大笔费用效用	0.053 8

资料来源:王克强.中国农村集体土地资产化运作与社会保障机制建设研究[M].上海:上海财经大学出版社,2005:30.

同时,王克强还分析了土地对农民的生活保障效用值和分布情况(表1-2),土地对农民的生活保障效用的比例与通过社会化的保障方式替代土地对农民保障作用的可能性呈正相关,表明农民向非农化产业的转移更容易。表 1-2 显示,若将土地对农民的生活保障效用小于 0.2 的农户向非农产业转移,就可以使 7.20％的农民离开土地;若将土地对农民的生活保障效用小于 0.3 的农户向非农产业转移,就可以使 49.28％的农民离开土地,这将会极大地促进我国工业化和城市化水平的提高。

表 1-2　土地对农民的基本生活保障效用分布情况

效用值	频数	频率/%	累计频率/%
≤0.1	9	0.59	0.59
0.1～0.2	101	6.61	7.2
0.2～0.3	643	42.08	49.28
0.3～0.4	370	24.21	73.49
0.4～0.5	55	3.6	77.09
0.5～0.6	253	16.56	93.65
0.6～1.0	97	6.35	100
合　计	1 528	100	

资料来源:王克强.中国农村集体土地资产化运作与社会保障机制建设研究[M].上海:上海财经大学出版社,2005:31.

表 1-3   土地对农民被征地后可以得到补偿的效用分布

效用值	频数	频率/%	累计频率/%
≤0.1	804	52.62	52.62
0.1～0.2	457	29.91	82.53
0.2～0.3	177	11.58	94.11
0.3～0.4	29	1.90	96.01
0.4～0.5	60	3.93	99.93
>0.5	1	0.07	100
合计	1 528	100	

资料来源:王克强.中国农村集体土地资产化运作与社会保障机制建设研究[M]上海:上海财经大学出版社,2005:37.

由表 1-1 显示的结果看,土地对农民被征地后可以获得补偿的效用值为 0.106 7,排在第四位。由表 1-3 的效用分布表可以看出,峰值位于效用小于 0.1 时。但是,这种效用存在明显的区域性差异。王克强的研究成果显示,在甘肃、湖北、上海和江苏四省市中,上海和江苏的比较高,因为上述两地的城市化速度快,土地的市场价值大,征地过程中的效用对农民的作用明显;而在偏远的地区,土地被征用的可能性小,即使征用,价值补偿也很少。这说明,距离城市和建设用地集中的地方越近,土地被征用后可以获得补偿的效用越大。

1.2 失地农民相关概念及其比较

由土地的生产功能可知,同一质量、同一地理位置的土地可有不同的用途。作为不同的用途具有生产功能的差异,单位土地带来的产值差别也很大。由于人口的增长和经济发展的需要,人类对土地的需求不断增加,也在不断开发、利用土地资源,使有限的土地发挥最大的效用。然而,土地资源的稀缺性和不可再生性,决定了人类对土地不能无限制地开发。当人、地关系紧张时,或者出于经济发展的需要,就要改变某些土地的用途,尽可能地优化土地资源配置,取得较高的土地使用效率。纵观世界各国的现代化进程,需要不断提高科学技术和生产力水平,进行工业化和城市化建设。推进工业化和城市化,必须加强工业区建设和扩大城市规模,就要以工业用地和城市建设用地为基础,减少农业用地特别是城市周围和交通便利的农业用地。随着经济现代化不断发展,人类对土地总需求特别是非农产业用地的需求是不断增加的,在土地自然供给既定的条件下,农业用地需求和工业用地需求是此消彼长的,非农产业用地增加必然以减少农业用地为代价,从而必然以产生失地农民为代价,因为农业用地用途改变将产生失地农民。这是任何国家和地区推进现代化建设都必须面对的问题。

1.2.1 失地农民的界定

农民和土地有着天然的依附关系,农民很大程度是生活于土地之上的。失地农民,从字面意义上理解,是指失去土地的农民。[①]

我国失地农民的形成主要有以下三种情况:一是因基础设施建设征地;二是因城市化建设征地,这是农民失地的主要成因,大部分的失地农民生活在城乡接合部;三是因开矿建厂征用土地。

在我国,人们从不同的角度对失地农民进行界定。中国"三农"形势跟踪调查课题组(2004)[②]在《中国小康痛:来自底层中国的调查报告》中将失地农民界定为"他们的身份是农民,他们原本也有土地,且是他们唯一的生活依赖,但后来土地以各种名义被征占了,而他们却又没有得到相应的工作安排,也就成了没有任何生活来源的一部分农民";王洪春、汪雷(2006)[③]在《中国农村社会保障新的机遇与挑战》中将失地农民界定为"集体所有、个人耕种和使用的土地被企事业单位、政府部门等有偿永久征用的农民";余建平(2004)[④]在其硕士学位论文《浙江城市化进程中失地农民社会养老保障

[①] 在大多数情况下,人们都认为失地农民与被征地农民是同一概念,所以经常等同使用。也有人认为两者并不完全相同,失地农民的范畴较大,因为农民失地的原因很多,包括因灾失地、煤矿塌陷区、资源枯竭性城市、其他矿区等。由于多年来人们对被征地农民的研究都习惯使用失地农民的概念,本书也一直沿用。

[②] 中国"三农"形势跟踪调查课题组.中国小康痛:来自底层中国的调查报告[M].中国社会科学出版社,北京,2004:365.

[③] 王洪春,汪雷.中国农村社会保障新的机遇与挑战[M].合肥:中国科学技术大学出版社,2006:157.

[④] 余建平.浙江城市化进程中失地农民社会养老保障问题研究[D].杭州:浙江大学,2004:1.

问题研究》中将失地农民界定为"为了城市化快速发展的需要,政府通过行使法定的土地征用权,把大量原本属于农村集体组织所有、家庭联产承包经营的部分或全部土地转化为国家所有而失去土地的农民"。徐丹佳(2010)[①]认为:被征地农民是指征地时享有农村集体土地承包权的在册农业人口,在城市规划区(含县城、镇政府所在地)内因征地失去 1/2 以上农用地的人员;在城市规划区外,被征地农户人均耕地面积低于所在县(市、区)农业人口人均耕地面积 1/3 的人员。

根据国务院办公厅转发劳动保障部《关于做好被征地农民就业培训和社会保障工作的指导意见》(国办发〔2006〕29 号)的规定,失地农民又称被征地农民,是指"因政府统一征收农村集体土地而导致失去全部或大部分土地,且在征地时享有农村集体土地承包权的在册农业户口,具体对象由各地确定"。

本书主张按照国办发〔2006〕29 号的规定,将失地农民界定为:因为城市化建设由政府统一征收农村集体土地而导致失去全部或大部分土地,且在征地时享有农村集体土地承包权的在册农业户口。之所以采用这一定义,出于以下的考虑:一是其权威性,它是通过国务院办公厅颁发的文件规定的,对失地农民实施的相关政策也局限于这一范围;二是具有代表性,失地农民因为失地的原因不同、失地程度不同,其就业和收入来源结构会有差异,从而面临的生活与养老风险也就不一样。由于城市化的建设进行征地导致全部失地或者大部分失地的农民,绝大部分生活在城市近郊,规模大,是面临非农化就业和市民化的典型群体。

1.2.2 失地农民与农民、农民工的比较

一、对农民工的解释

农民工是我国城市化进程中出现的特殊群体。20 世纪 80 年代开始的市场经济体制改革,为我国农村剩余劳动力向城市转移提供了可能,全国各地出现了"打工潮",因而社会上也有了诸如"盲流""打工仔""农民工""新产业工人"等各种称谓。国务院研究室课题组(2006)[②]提出:"农民工"是我国

---

① 徐丹佳.我国被征地农民典型养老保险模式分析[J].2010 年人文社会科学专辑,2010(36):114-116.

② 国务院研究室课题组.中国农民工调研报告[M].北京:中国言实出版社,2006:1.

经济社会转型时期的特殊概念,是指户籍身份还是农民、有承包土地,但主要从事非农产业、以工资为主要收入来源的人员。2017 年全国农民工总量达到 28 652 万人,比上年增加 481 万人,增长 1.7％。其中,外出农民工 17 185 万人,增加 251 万人,增长 1.5％。

从农民工的就业地区来看,2017 年在东部地区务工的农民工 15 993 万人,比上年增加 33 万人,增长 0.2％,占农民工总量的 55.82％[1],就业地区主要分布在广东、浙江、江苏、山东等省,这 4 个省吸纳的农民工占到全国农民工总数的近一半。从农民工所从事的行业看,制造业的比重最大,占 29.9％,其次是建筑业、批发和零售业、交通运输仓储和邮政业、住宿餐饮业以及居民服务、修理和其他服务业,分别占 18.9％、12.3％、6.6％、6.2％和 11.3％。农民工由于户籍制度造成的就业、福利歧视等,处于城市的最底层,许多人处于非常艰难的生活和工作状况之中。2017 年农民工的月平均工资是 3 485 元,与全国的社会平均工资 6 193 元相差 2 708 元。[2]

二、对农民的解释

农民是"长时间参加农业劳动的劳动者"。对农民的定义,有三种解释。第一种解释:农民是指占有或部分占有生产资料,靠从事农业劳动为生的人(《辞海》,1999)。在不同的历史时期,农民的经济性质不同。第二种解释:农民是指农村以种植业、畜牧养殖业为生的社会人群集合,也可以泛指农村劳动力。第三种解释来源于《中华人民共和国户口管理条例》[3]:凡是具有城镇户口的居民就是城市居民;具有农村户口的居民就是农民。从此,我国形成了农村户口和城市户口"二元结构"的户籍管理体制。

社会学家、三农问题评论家艾君认为,农民已经由传统意义上的"从事农业生产的劳动者"演变为"一切农业户口者"。截至 2017 年年底,我国农民的规模为 57 661 万人。[4]

---

① 作者根据中华人民共和国国家统计局《2017 年农民工检测调查报告》发布的调查结果计算。

② 《中华人民共和国 2017 年国民经济和社会发展统计公报》。

③ 1958 年 1 月《中华人民共和国户口管理条例》规定:凡是具有城镇户口的居民就是城市居民;具有农村户口的居民就是农民。这是我国目前法律上确认农民的唯一标准。

④ 2017 年中国统计年鉴。

三、失地农民与农民、农民工的差别

对农民、农民工和失地农民这三者进行比较,是一件困难的事情(表1-4)。他们共同的特点是,收入不稳定,生活水平和社会地位相对较低,面临的生活压力大,而且抗风险能力弱。

三者不同的地方在于:

第一,三者关系是交叉的。农民工,是农民中的一部分,同样拥有承包地经营权,具有农民的户籍和固定的农村居所。农民工与失地农民有交叉,部分农民工是失地农民,就是没有办理农转非或者村改居的部分失地农民。失地农民大部分拥有城镇居民的户口,具有城镇居民的身份,而且多居住在城郊或城市里。

第二,三者的收入来源不同。农民的收入主要靠经营性收入,少部分来自工资性收入和财产性和转移性收入。农民工和失地农民的主要收入是工资性收入。

第三,从事的职业和社会地位有所区别。农民长时间参加农业劳动,靠体力劳动获得报酬,处于社会上最低的层次,从2017年的城乡居民的收入差距可明显看出。2017年农民的人均可支配收入为13 432元,城镇居民的人均可支配收入为36 396元,相差了2.71倍。[①] 农民工主要从事制造、建筑、服务、批发零售、交通运输仓储和邮政、住宿餐饮业等,处于城市最底层。失地农民从事的职业有个体工商、城市打工、私营企业主、技术工人、管理人员、运输人员和普通工人、乡村各类打工者等,处于社会的边缘。农民工和失地农民的职业都很不稳定,都是城市化和工业化进程中的特殊群体。农民工的特殊之处在于经常在城乡之间或者城市之间流动,农忙时或者失业时,就回乡种地,被称为候鸟式或钟摆式流动。失地农民的特殊之处在于失去了原来的生活来源——土地。

第四,享受的社会保障和福利不一样。农民享有新农保和新农合,拥有土地保障,享受各种惠农政策,农村低保等福利政策。农民工除了享有农民的所有福利外,少部分享有农民工养老保险、工伤保险和失业保险,没有享受城市居民的各种福利,但是有土地作为最后的保障。失地农民少部分享有低保、养老保险、基本生活保障等,丧失了农民的各种福利与优惠政策的保障,大部分没有享受到普通城市居民的福利。同时由于失地农民大多工

---

① 《2017年中国统计年鉴》。

作在非正规部门,也缺乏城镇职工的各种福利保障。

第五,面临的主要风险不一样。农民面临的主要风险是自然灾害和农产品的市场风险,因为农业本身是一种弱质产业,容易受到自然条件的影响。农产品在市场上销售也会面临较大的市场风险。农民工和失地农民的主要风险是收入不稳定,尤其失地农民,养老和疾病风险大,没有稳定预期,缺乏安全感。失地农民的主要问题是伴随着失地,失去了许多潜在的收益和缺乏相关的权益保障。

由此可见,农民、农民工和失地农民三者中,失地农民面临的生活和养老风险最大,生活保障也最脆弱。所以,失地农民最需要获得保障。

表 1-4 失地农民与农民、农民工的比较

群体名称	共同点	区 别		
		收入来源	就业保障	养老保障
失地农民	收入不稳定,生活水平和社会地位相对较低,抗风险能力弱	工资性收入为主	无	部分人享有新农保、基本生活保障或失地农民养老保险
农民		经营性收入为主,少量的工资性收入和财产转移性收入	土地	基于土地的家庭养老、新农保
农民工		工资性收入为主	土地作为最后的保障	基于土地的家庭养老、新农保或农民工养老保险

资料来源:作者自己概括而成。

1.3 养老风险及养老保险概述

老年是几乎人人必经的一个人生阶段,跟其他年龄段的群体相比,老年人有着特殊的需求。劳动者进入老年之后,其劳动能力已经基本丧失,很难通过劳动获取生活资料。世界上公认老年人的标准年龄在 65 岁以上。但

是实际上老年人的标准视各国具体情况有所差别。

中国已经进入老龄化阶段。根据联合国人口老龄化的标准,一个国家60 岁以上的老年人占总人口的比例超过 10%,或 65 岁以上的老年人口占总人口的比例高于 7%,这个国家或地区就进入了老龄化。1990 年、2000年和 2010 年中国 65 岁及以上老年人口分别为 6 299 万、8 811 万和 11 883万人,分别占当年人口的 5.57%、6.96% 和 8.87%[①],这标志着中国从 2000年开始步入老龄化社会。

1.3.1 养老风险的内涵

人总是要走向衰老,这是不可抗拒的历史规律。老年人一旦失去生活能力,必将面临一系列的养老风险。这些风险包括养老金风险、健康损害风险、精神衰竭风险、老年服务风险、老年贫困风险、老年孤独风险等。养老风险从养老所需的支持来分,可以分为养老经济风险和非经济风险。经济风险主要是指经济保障的不确定性,比如养老金风险和贫困风险。非经济风险是指由于年老体衰所面临的生活照料、精神慰藉和心理关怀等非经济方面的不确定性。比如健康损害风险、精神衰竭风险、老年服务风险、老年孤独风险等。两者相比较而言,经济风险是养老保障的核心问题。

一、老年经济风险

归纳起来,影响老年人经济保障和收入的经济风险主要有以下几种:

第一,就业机会减少,以致完全丧失就业机会,收入来源锐减。在工业化国家,劳动者进入法定的年龄必须退休已成为一种制度。这种制度实施后,老年人的基本生活靠退休金来维持,他们如果想再就业,要么很难实现,要么根本实现不了。因此收入来源锐减,收入水平比退休前在业期间减少许多,个人储蓄率降低。

第二,退休收入风险。一般认为,劳动者退休后,生活费用开支将会大幅度下降,其实不然。人们退休后,确实有一些开支会减少,但是有一些开支不但不会降低,反而会增加,因而生活费用开支仍居高不下。据不完全统计,人们退休后的生活费用约占退休前生活费用的 60%~80%。生命科学的研究成果证明,人类的平均寿命有延长的趋势,这就使得人们退休后的余命越来越长,退休所需生活费用也必然相应增多。另外,在现代市场经济条

---

① 根据 1990 年、2000 年和 2010 年中华人民共和国统计年鉴数据整理。

件下,通货膨胀不可避免,物价高涨也使得各项费用支出增加。

第三,家庭养老制度受到严重冲击。家庭养老是农业社会的传统,但是进入工业社会后,越向前发展,这种传统愈益受到冲击。具体有以下几方面的原因:

一是经济、政治环境改变。随着经济的发展,全社会的产品结构发生了变化。农村生产活动的相对重要性降低了,相反,以城市为基础的工业及服务也变得重要起来。因此,劳动力市场对新技术需求的增加,促进了教育投资增加,但是占用了赡养父母的家庭时间。结果是子女得到了比父母或者祖父母更好的教育,从而削弱了年轻一代对老年人的关心。

二是社会文化环境变化。人口流动性的增加以及在农村的双亲和城市子女之间的通信较少,减少了利他主义以及父母控制和赡养父母的社会压力。城市化也削弱了子女应当与父母共同生活并照顾年老父母的社会规范。随着工业化的冲击,传统的大家庭会逐渐解体而被以核心家庭为主的小家庭所取代,家庭的保障能力大大削弱,核心家庭难以承担养老重担。

三是以土地为基础的生活保障功能迅速弱化。如前所述,土地具有产出、就业和养老等功能,拥有一份土地,或者拥有土地经营权,就能够享受土地带来的各种保障。随着城市化进程的加快,土地的保障作用迅速削弱。这种情况在中国特别突出。首先,由于城市化的需要征用了大量土地失地农民没有了土地种植收入,失去土地的保障。其次,拥有耕地的农民,靠耕种土地收入养老既不稳定也不可靠。工业化表现为:一方面,老年农民通过种植土地的收入来实现自给自足变得越来越不稳定。我国农业由粗放型的小农经济向集约型的农业经济发展,对技术、管理及体力的投入要求较高。老年农民已经进入老年期,劳动能力下降,不可能从事要求较高的体力劳动,通过自己劳动获得的收入水平很低。因此,靠自己种植土地的收入养老是不稳定的。另一方面,土地的保障作用也变得越来越不可靠。这是因为我国家庭承包户的农业生产技术相对落后,农业收入增长的空间很小,近几年来农民的农业生产收入是负增长的。

二、养老非经济风险

20 世纪 80 年代以来,伴随着核心家庭的增加和人口老龄化日趋严重,有老龄人口的家庭空巢率也日益上升。目前,我国约有 2/3 的老年家庭生活在空巢状态。在我国的城市地区,严格实施独生子女政策的直接后果是核心家庭的独子化和无子化,因而在将来空巢家庭形势更加严重。尤其在城市地区长期以来严格执行独生子女为主体的政策,所以在未来时期独子女甚至无子女老龄化现象更为突出。

一般来说,养老风险包括了经济和非经济两个方面的风险,而非经济方面又包括了生活照料和精神慰藉两个方面。非经济养老与经济养老相比,内容更为丰富,难度也更大。[①] 首先是精神赡养(精神慰藉)问题。精神赡养能不能得到妥善解决越来越深刻地影响到了老年人的生活质量。我国老年人精神赡养需求得不到满足,在城市,有 23.8% 的老年人有强烈的孤独感,在农村,有 35.1% 的老人感到孤独。在我国老年人的精神赡养问题由于不那么明显常常被忽视了。其次是生活照料和处理紧急情况的问题。"在大多数国家,帮助料理家务和处理紧急情况是非常常见的。在美国,大多数人认为,即使收入水平提高了,非货币资助仍是非常重要的"[②]。而且调查数据表明,在东南亚国家和美国,在老年人中超过 80% 的比例有这种需求。当然,这种需求的满足部分地可以通过社会化的服务机构获得。

有研究成果表明,在我国农村,东部地区经济发达的农民和实行新农保地区的农民,不担心经济保障问题,但是比较担心生活照料和精神慰藉问题。这可能与东部地区一般经济比较发达、农民的收入水平比较高有关。同时东部地区也是人口老龄化和少子化问题比较严重的地区。因此,在人口流动加剧的背景下老年人更需要非经济方面的支持,对生活照料和精神慰藉问题表示担心。这种情况说明,人们在经济上得到基本的保障后,非经济方面的需求会增加。

1.3.2 养老保险概述

一、养老问题的社会化及养老保险的产生

在老年阶段,人们往往愿意按照自己所习惯的生活方式愉快地度过晚年生活。因此,如何养老是人类一直面对的问题。

在小农经济时代,土地作为最主要的生产资料,农民拥有土地很重要。

---

① 全国人大常委会 2012 年 12 月 28 日表决通过新修改的《老年人权益保障法》。法律明确家庭成员应当关心老年人的精神需求,不得忽视、冷落老年人。与老年人分开居住的家庭成员,应当经常看望或者问候老年人。用人单位应当按照国家有关规定保障赡养人探亲休假的权利。

② 劳动部社会保障研究所译.防止老年危机[M].北京:中国财政经济出版社,1996:39.

家庭是生产和生活单位,因此,个人和家庭承担着养老的主要责任。劳动者以家庭为单位进行劳动并抚养儿女;当他们年老失去劳动能力时,由儿女赡养,并由家庭成员来照顾。子女与父辈之间存在着一种隐性的赡养和扶养契约,家庭成为承担养老风险的主体。

资本主义国家工业革命后,打破了自然经济的农业社会结构,产生了农村剩余劳动力并向城市转移,随着社会分工的专业化和社会化,彻底改变了社会结构和家庭结构,家庭不再是生产单位,随着雇佣劳动者规模的扩大,养老风险的社会化要求一种利用社会化的机制解决养老问题,这种机制就是养老保险。

二、养老保险的界定

养老保险是社会保险中最重要的项目之一。根据我国劳动和社会保障部的定义:养老保险是国家和社会根据一定的法律制度和法规,为解决劳动者在达到国家规定的解除劳动义务的劳动年龄界限,或因年老丧失劳动能力退出劳动岗位后的基本生活建立的一种社会保险制度。[1] 这个定义对养老保险的对象、保障水平和政府的作用都做了明确的规定。它的保障对象是退出劳动队伍的劳动者,保障的仅仅是劳动者基本的生活水平,政府提供一个法定制度安排。养老保险是人类的一大创新,它通过制度安排来解决如何分散家庭风险使所有人老有所养的问题,体现了人类的进步与智慧。

三、养老保险的历史沿革

人类养老的制度安排经历了漫长的几千年,可划分为三个不同的模式即三个阶段:家庭养老阶段、国家养老保险阶段和社会养老保险阶段。

第一,家庭养老阶段。家庭养老,即由家庭承担赡养老人的功能。从严格意义上来说,家庭养老也是人类社会对养老问题的自发式回答,既是顺其自然的,同时又是一种人为的养老制度的安排。然而,这种家庭养老机制具有很大的不稳定性。为了避免家庭养老可能出现的风险,期望有一种养老保险制度安排出现的思想也很早就有了。有文字记载的中国养老思想可以追溯到《礼记》大同篇中:"大道之行也,天下为公,选贤与能,讲信修睦,故人不独亲其亲,不独子其子,使老有所终,壮有所用,幼有所长,鳏寡孤独废疾者,皆有所养。"

第二,国家养老保险阶段。在工业发达的国家,经济环境、政治条件、社

---

① 陈心德、苑立波.养老保险:政策与实务[M].北京:北京大学出版社,2008:3.

会制度和人口结构等都发生了极大的变化,家庭养老保障制度首先开始瓦解。促使家庭养老向新的模式——国家养老保险转换。德国是最早建立养老保险制度的国家,虽然其最初覆盖的范围很窄,但这种制度已具备了国家养老保险模式的主要特征。而且通过国家立法规定,雇员自己交纳一部分费用,年老退休时可以领取退休金,最后的责任由国家承担。

第三,社会养老保险阶段。20 世纪 70 年代以后,由于经济滞胀,发达国家的国家养老保险模式难以维持。特别是人口老龄化使得现收现付模式运行的前提条件不复存在,国家养老面临着财务危机。由于国家的财政承受沉重的负担,关于政府的责任承担问题出现了意见分歧。同时,一些发展中国家创新了养老保险制度,实施基金积累制,如新加坡的中央公积金制度、智利的个人账户制度等。为了摆脱国家养老保险模式的危机,各国纷纷掀起了养老保险制度改革的浪潮。建立多种形式的补充养老保险制度,最终形成多层次的养老保险体系,实现风险在国家、集体和个人之间进行分担。

1.4 失地农民多层次养老保险的理论基础

1.4.1 养老保险的经济学理论

关于养老保险的经济学理论包括了两个流派:一是政治经济学,二是新古典经济学。20 世纪 80 年代以前,政治经济学在研究养老保险领域处于主导地位,进入 20 世纪 80 年代末,就让位于新古典经济学。政治经济学从宏观的角度着重研究养老保险制度的起源,运用社会公平的标准评价其绩效,但是对引起绩效差的原因及相关的改进对策没有系统的研究。新古典经济学则从微观的角度侧重于研究养老保险制度的内在机制及其对于收入分配、劳动行为及财政预算等经济变量的影响,比政治经济学更具严密的逻辑体系,因而新古典经济学在后来全球的养老保险制度改革中发挥了重要的指导作用。

一、政治经济学对养老保险起源的研究及政策主张

在 20 世纪 50—60 年代以前,新古典经济学还没有适当的理论用于研究养老保险问题。政治经济学主要从社会公平、社会正义的角度,比较客观地分析养老保险的起源和评价其绩效。但是面对人口老龄化的冲击和发达国家过度福利造成的制度危机,他们意识到福利制度在收入公平分配上存在许多问题,却缺乏系统性改革政策的研究。

(一)政治经济学对养老保险起源的解释

政治经济学对养老保险起源的解释有五个方面:一是社会民主论,该理论认为国家建立养老保险制度是因为劳动者和资本家之间的斗争,而且这种斗争导致了包括养老保险在内的社会福利的增加。这种民主的力量和工会力量决定了各国养老保险待遇的高低。二是新马克思主义论,该理论认为养老保险制度是市场力量和世界经济发展的结果,养老保险能够改变收入分配不公平带来的压力。三是新工业主义论,该理论认为工业化和经济发展是养老保险制度的决定性因素,而且一个国家的工业化水平越高,用于支付养老金的国民产出就越多。同时,一个国家的人口结构与经济发展水平对其养老保险政策的影响很大。四是新多元主义理论,该理论认为养老保险制度是多个利益集团相互斗争的结果。五是国家中心论,该理论认为一个国家的管理体制的结构性要素可以视为养老保险制度的组织和管理基础。[①]

(二)政治经济学对养老保险制度改革的政策主张

在养老保险制度的公平与效率的问题上,政治经济学更倾向于社会公平性,主张养老保险在任何时间内都要公平地对待所有公民;面对人口老龄化和过度福利制度的压力,政治经济学家虽然认识到现收现付制的养老保险制度存在许多问题,但是又不主张对其进行根本性的改革,只是提出一些比如提高退休年龄和加强养老金收益与缴费的关系等改良措施;强化国家对养老保险政策的管理,反对削弱国家在养老保险体系中的责任和作用。

二、新古典经济学对养老保险制度起源的研究及政策主张

新古典经济学与政治经济学不同,其对养老保险的研究引用了生命周期理论、交叠世代模型,具有系统的理论基础和明确的方法体系。生命周期理论是莫迪利亚尼在凯恩斯消费者理论的基础上提出的跨时期消费理论。该理论认为,一个理性的消费者追求的是其生命周期内一生效用的最大化,因此,消费者任何时期的消费支出总是依赖于其一生的全部收入,以平滑其一生的消费支出。交叠世代模型由阿莱(Allais,1947)、萨缪尔森(Sumuel-

---

① 李绍光.养老金制度与资本市场[M].北京:中国发展出版社,1998:11-16.

son,1958)和戴蒙德(Peter,Diamond,1965)等人创立,比生命周期理论更进一步。生命周期理论把一代人的寿命分成劳动时期和退休时期,而交叠世代模型的主要观点是,每时每刻都有两代以上的人活着,每一代人在其生命的不同时期都可以和不同代的人进行交易。[①]

(一)新古典经济学对养老保险起源的解释

新古典经济学从国家与市场的关系这一角度来解释养老保险制度的起源,主要有四种:市场失灵论、个人短视与父爱主义、再分配论和公共选择论。

1.市场失灵论。市场失灵论是新古典经济学对养老保险制度起源的一个最主要的解释。该理论认为:某些风险是可以通过保险公司提供保障的,而有些风险保险公司不愿意承担,部分雇主希望通过缴费来转移部分风险,以便获得更多的保障。这时,必须由国家来干预并管理。因为这种不能通过市场机制来调节的市场需求,会导致市场失灵。当存在以下的情况时,市场就会失灵:一是存在不可分散的风险,比如社会性的风险,影响范围和程度都很大,如战争、暴动、恶性通胀、瘟疫、全国性的失业等,必须依靠政府集中的财力才可以分散的风险;二是逆向选择和道德风险的存在,使保险公司不可能对其进行完全的监督(Creedy and Disney, 1985)[②];三是可能存在较多的交易成本。

2.个人短视与父爱主义论。由于个人有限理性,个人通常无法预见自己未来的情况;或者即使预见到,也不愿意减少即期消费来为将来做适当的安排。同时,个人有时还会因为获得信息的不充分,可能投保不足或过度保险,或者对自己的余命做出不精确的估计(戴蒙德 Diamond, 1977)。由于个人存在的这些不足,都要求国家像父亲一样,为个人的一生提供一个国家强制计划,使得个人整个生命周期消费有个适当的安排。

3.再分配论。保险机制有可能发挥的再分配功能的前提条件是:不存在风险评估,或者与个人风险有关的人口没有异质性。社会保险具有把高收入人群的财富向低收入人群再分配的功能,以减轻不平等。但是,这种作用的效果大小,决定于社会保险设计者的价值判断(Creedy and Disney,

---

① 新帕尔格雷夫经济学大辞典,中译本,第三卷,北京:经济科学出版社,1992:194.

② Creedy John and Richard Disney. Social Insurance in Transition—An Economic Analysis[M]. London. Clarendon Press,1985:14-18.

1985)。

4.公共选择论。养老保险制度的建立是一个公共选择的过程(米勒 D. C. Mueller,1979)。本来税收的目的是把财富从富人向穷人再分配,但实际上是转移给了中产阶层。如果再分配是在选举者按照其收入状况形成联盟的政治过程中进行的,并且投票决定的话,那么,中产阶层拥有最大的权力。

(二)新古典经济学对养老保险制度改革的政策主张

新古典经济学派清楚地认识到,人口老龄化背景下,导致现收现付制的运行前提发生变化,财政负担会越来越重,并且抑制了国民储蓄,阻碍经济的长期发展。因此,新古典经济学家主张对养老保险制度进行根本性的改革,建立多层次新的养老保险体系,充分发挥养老保险的三大功能——再分配、储蓄和保险,以减轻政府的负担,尽量发挥市场的作用。具体的政策主张有三点:第一,由于养老保险市场存在一个市场失灵的条件,不能完全靠市场调节,政府必须干预,但直接干预减少到最低的限度。第二,为应对将来老龄化,必须建立基金制的养老保险,防止养老金领取高峰期导致的代际间的巨额转移。基金管理市场化,可以保持基金的保值增值。第三,在前面两个层次的养老保险基础上,要以自愿性的养老保险储蓄计划为补充,以扩大市场机制的作用,并鼓励人们多选择私人养老保险计划,以减轻基础养老金的负担(Richard A. Ippolito,1986)。

1.4.2 土地的地租理论与土地权益理论

"有土斯有人,万物土中生"。从古到今,人类对土地倾注了无限深情,给予了高度的评价。尤其是农民,与土地有着一种天然的依存关系,特别是对于生长在中国这个有着悠久历史的农业国的农民来说,更是如此。土地承载着农民生存、发展与养老的功能。如果土地被征用,造成农民失去土地,农民应该在经济上得到实现资产权利的补偿,来确保其生存、发展和养老保障功能的继续实现。失地农民的土地征用补偿的理论依据,主要有土地的地租理论、土地的价值与价格理论、土地权益理论。

一、土地的地租理论

地租是直接生产者在生产中所创造的剩余生产物被土地所有者占有的

部分。地租的占有是土地所有权借以实现的经济形式。[①]

马克思认为：地租来自于社会，而不是来自土壤。根据地租产生的原因和条件不同，地租可分为绝对地组和级差地租。绝对地租是土地所有者凭借对土地所有权的垄断而取得的地租，其来源于产品价值高于生产价值的差额形成的超额利润，是土地所有权实现的经济形式。绝对地租存在于土地私有制度和一切土地所有权的任何社会。级差地租可根据条件不同，分为级差地租Ⅰ和级差地租Ⅱ。级差地租Ⅰ是由于土地的肥力和位置差异而形成的；级差地租Ⅱ是在同一块土地上连续投入同量的资本而产生的生产率差别而形成的。级差地租产生的原因是土地的稀缺性而产生的经营垄断。

地租理论为我国的土地收益分配提供了依据。首先，我国现阶段仍然存在级差地租的条件。级差地租产生的原因，是土地的有限而产生的经营垄断。我国实现了社会主义公有制，但这是一种全民所有制和集体所有制两种形式并存的土地公有制，土地使用者有各自相对独立的经济利益。土地资源具有有限性和不可再生性，在土地肥沃、距离城市中心和交通便利等方面存在不同程度的区别，也具有因为经营者对土地追加投资形成的生产率的区别。在农村，土地归集体所有，农民具有承包经营权。因此，由于土地质量和地理位置的不同而形成级差地租Ⅰ归集体组织所有；由于农民使用土地而追加投资形成的级差地租Ⅱ归农民。同时，地租的形成离不开国家的投入和建设，级差地租的一部分归国家所有。所以，国家可以机动灵活地利用和分配级差地租，对级差地租的分配，可用于社会保障和公共财政支出等方面。其次，我国现阶段也存在绝对地租的条件。如上所述，我国农村土地归集体所有，而农民拥有经营权，存在着土地所有者与经营者的分离，仍然存在土地所有权。地租是所有权经济上的实现，使用土地，就必须交纳地租，这就为实现土地有偿使用提供了理论依据。

二、土地的价值与价格理论

根据商品的价值和价格理论，商品的价格本质上是由商品的价值决定的，也就是由生产商品所耗费的抽象人类劳动所决定的，市场供求机制会引起市场价格围绕价值波动，并实现商品的价值。土地是一种特殊的商品。马克思认为，土地价格是地租的资本化。现实中的土地一般为"经济土地"，

---

① 马克思,恩格斯.马克思恩格斯全集(第 25 卷)[M].北京:人民出版社,1974:714.

是"自然土地"和"人工土地"的有机统一体。"自然土地"是属于自然资源，没有价值。"人工土地"部分的价格由投入土地中凝结的人类劳动决定，是价值的货币体现。① 同时，根据西方经济学的土地收益理论，由于土地使用的永久性，可以不断地提供收益，所以，土地的价格可以视作预期土地收益资本化而成为的一笔价值基金。

土地价格的形成同样受市场供给关系的影响，其特殊的价格形成机制与供给的固定性使得土地价格不断上升。由于形成价格的两大部分——地租与投入土地的劳动和资本都不断持续增加，然而土地的供给是不变的，随着社会发展和人口增加，对土地的需求上升，土地价格总体呈上升趋势，尤其是靠近商业区、城市中心的土地，上升趋势强烈。

土地的价值与价格理论为我国征地补偿中土地价格的确定提供了依据。首先，土地价格是土地的收益价格，是为购买土地而支付的用货币表示的交换价值，土地买卖实质上就是一种财产权利的买卖，人们购买土地是获得土地收益的权利，就必须为获得这项权利付出代价。所以，当国家征用农民土地时，根据土地未来收益流折现，必须支付合理的补偿费用。其次，由于土地价格的影响因素较多，应该对土地的需求情况根据国家的经济发展水平、国家相关政策和制度以及土地本身的特点等来科学测量和评估土地价格，以保证农民失地后的生活水平不至于下降。

三、土地产权理论

土地产权是指土地的所有权、占有权、使用权、处分权、转让权、抵押权等权能组成的权利体系。对于农民来说，首要的产权就是土地产权。这些权能既可以结合又可以分离，但这种结合和分离不能影响土地产权的经济利益的实现。土地产权的可交易性决定了人们在获得有关权能后才能取得土地的相关收益。

土地产权理论为征地补偿和解决失地农民养老问题提供了法律的支撑。首先，农民对土地产权的利益要得到保护。1789年法国《人权宣言》第17条规定："财产是神圣不可侵犯的权利，除非当合法认定的公共需要所显然必需时，且在公平而预先赔偿的条件下，任何人的财产不得受剥夺。"我国宪法经过四次修正，特别是2004年的私有财产权的入宪和2007年《物权法》的通过，为全面保护财产权提供了依据，为农民土地财产权的确立提供

---

① 陈征.土地价值论[J].福建论坛(人文社会科学版),2005(2):2-5.

了法律保障。在我国,土地属于国家或者集体所有,农民只有土地使用权,一旦农民失去包括土地使用权在内的土地财产权性权利,生存就会面临威胁。这时,政府就要对失地农民进行合理的补偿以保障其根本利益。"合理"补偿不仅意味着政府在进行征地补偿时要符合公平的市场价格,还包含失地农民未来生活保障的需要。

1.4.3 关于政府与市场的理论

根据政府经济学的观点,在市场经济中,商品生产可以通过市场机制调节商品的需求与供给,从而使两者趋于均衡,自动促进资源配置的优化,提高生产效率。但是,市场机制本身不具备实现社会目标的功能,当存在公共物品、不完全竞争和外部效应时,会造成市场的失灵。市场失灵的结果,在政治上,不同程度地造成社会成员贫富分化,激化社会矛盾,滋生严重的腐败行为,甚至威胁社会和政局的稳定,"大量的市场失灵现象为政府干预和提高福利水平提供了空间"①。在经济上,会造成社会资源分配的低效,严重时造成供求失衡的经济危机,危害经济的健康、稳定发展,此时,市场已无力纠正或者即使可以纠正也需要支出高昂的成本。当市场本身无法自行调节这种供求失衡状态时,则需要借助市场以外的力量强制纠正,即政府对市场进行介入,承担政府的责任:维护社会公平,实现收入再分配,提供公共产品,以保证社会稳定和经济的持续、健康发展。

在政府提供的公共产品当中,社会保险就是其中之一。社会保险制度是由政府负责、国家以立法形式,集聚众多的经济力量,配合政府财力,共同分担少数人因遭受意外事件导致的收入中断或减少,通过国民收入再分配形成的一种分配关系。社会保险可以达到风险分担、互助共济、确保社会成员基本生活的目的。其基本功能是从经济角度对公民的生活提供安全性保护,对由于经济发展而造成的各种矛盾及后遗症起到一种缓冲的作用,为经济的顺利发展及社会的稳定提供一种保障。但是,如果这种强调公平色彩的制度运行中出现偏差,也会出现很多问题。比如西方国家的过度福利导致社会保障的增长速度超过国民经济的增长速度,从而庞大的公共开支成为政府沉重的财政负担。由于越来越多的经济资源、资本和劳动力集中在政府手中,极大损害了经济的灵活性,削弱了市场经济的发展机会,也就是

---

① [美]斯蒂格利茨. 政府为什么干预经济[M].北京:中国物资出版社,1998:70.

所谓的政府失灵。[①]

为了避免政府的过度干预造成政府失灵,政府经济学主张政府对经济进行适当干预,包括干预的程度和干预的方式。经济学家罗伯特·吉尔平指出:两种对立的社会组织——国家和市场——交织在一起贯穿着数百年的历史,它们的相互作用日益增强,但是,并没有带来两者结合问题的最佳方案。在保险领域,首先是市场在国家的宏观调控下对保险资源起基础性配置作用。其次是国家的干预是在"高度重视市场机制并充分发挥市场基础性作用的同时,加强和完善对商业保险的宏观调控,尽可能消除市场机制的负面影响"[②]。其政策目标是政府的适度干预,兼顾市场的效率和公平。

我国养老保险体系的改革中,以政府主导的社会养老保险为基础,职业年金及个人储蓄养老为辅助的多层次养老保险体系,正是这种理论在实践中指导的体现。同样,针对我国失地农民这一特殊群体,这种多层次体系也同样适用。

1.4.4 社会保险与商业保险融合发展的思想

一、社会保险与商业保险的相互关系

社会保险与商业保险是一个国家或地区风险保障服务的两大资源,通过有效的机制结合,可以降低全社会的风险管理成本,提高整体社会成员的风险保障水平。社会保险作为实现国民收入再分配的制度,以社会公平为其核心价值取向,由政府组织、经办,以保障社会成员的基本生活为目标。社会保险的运作,大多由国家法律规定,具有非营利性和强制性特征。商业保险是商品经济发展到一定阶段的产物,由商业机构经办,根据市场对保险的各种需求,提供灵活多样的保险产品,以营利为目的,属于市场行为。社会保险和商业保险存在着差异性、互补性,两者互相制约又互相融合。首先,两者存在着一定的差异性,体现在保险范围、保险目标、保险原则和保险体制等方面。社会保险由国家为实施主体,主要保障对象为工薪阶层,保障他们的基本生活水平,以保证政权的稳定和社会的发展,因而多为强制性。商业保险以保险公司为实施主体,保障对象为愿意投保并符合投保条件的

---

① 王彩波,王庆华.政府经济学[M].北京:首都经济贸易大学出版社,2009:199.
② 孙蓉.中国商业保险资源配置论——机制设计与政策分析[M].成都:西南财经大学出版社,2005:208-209.

人,范围较广,按照约定给被保险人以经济保障,给付标准较高,并且保险双方建立在公平互利的原则上。[①] 其次,社会保险和商业保险存在着互补性,两者在服务对象、发挥作用、具体业务范围、资金来源和满足社会成员需要的层次方面存在互补性。社会保险以社会政策为目的,重点是针对工薪阶层及其他雇佣劳动者,利用国民收入再分配为劳动者提供切实的生存保障。社会保险基金筹集实现国家、企业、个人分担,具有较强的福利性,提供基本的保障水平。相对而言,商业保险的服务对象是符合投保条件的所有人群,是一种严格的合同行为,对经济发展和社会秩序稳定也有重要的作用。业务范围比较宽泛,方式灵活,其保险基金来源于投保人缴纳的保险费,可以适应投保人的多种需求。针对社会保险与商业保险的互补性,通过两者的有机结合,可以有效利用社会资源为社会成员提供全面、充分的风险保障。

有时候,社会保险和商业保险又相互制约,甚至此消彼长,尤其在保险市场发育成熟的条件下,保险资源空间有限。因为,商业保险作为对社会保险提供基本生活水平的补充,主要是基于社会保险提供的仅仅是基本保障。如果社会保险的保障水平过高,就会挤出人们对商业保险的需求,必然会影响和制约商业保险的发展。

然而,社会保险与商业保险在共同发展中,又会出现相互融合的趋势,体现在保障功能融合以及保险技术和方法上的相互渗透。比如:国际上正在进行的多层次养老保险体系改革,在劳动者获得基本养老保障外,还有企业年金和个人储蓄养老保险等更高水平的保障。这样人们可以分别从社会保险机构和商业保险公司获得养老金给付。同时,商业保险也在为社会保险未覆盖范围的人们提供低水平的保障,如小额保险、团体寿险、团体年金等,近似于社会保险。虽然社会保险和商业保险在有些方面相互渗透,但并没有改变各自的本质,只是两者的标的和风险领域具有一致性,使得它们具有良好的互动效应,互相吸收对方的长处,共同构成对社会成员多重的经济保障。社会保险和商业保险融合发展具有积极的意义:可以扩大保险覆盖面,使得公平与效率在一定程度上达到统一,减轻政府的财政负担,强化保险业的社会"稳定器"作用,满足社会成员更多的需求,提高其抗风险能力。

[①] 黄英君,蒲成毅.商业保险与社会保险的互动——一个文献综述[J].江西财经大学学报,2007(5):37-43.

二、国内外养老保险领域中社会保险与商业保险融合发展的体现及其评价

从国外实践经验看,近年来社会保险与商业保险结合起来,互相补充、共同发挥作用的情况日益普遍。在养老保险体系改革当中,许多国家从现收现付制向部分积累制转变,从社会统筹向个人账户模式转变,建立起一个多层次的养老保险体系,鼓励和支持商业保险在更大的程度上发挥作用,降低社会保险的比重以减轻国家的负担。比如:英国、美国、澳大利亚等国家在基本养老保险之外,逐步建立个人账户制度,政府鼓励企业、个人建立养老保险的第二层次,待个人账户发展到一定规模后,逐步降低原有的公共养老保险的待遇水平。之所以这样,是根据风险管理的原理,社会保险采取多渠道筹资、多层次举办的方式,可以避免风险集中,分清保险责任,减轻政府的财政负担,从根本上保证社会保险制度的可靠性。

我国的养老保险体系也在社会保险与商业保险融合发展的理论指导下进行实践与探索。[①] 根据 1984 年 4 月中央财经领导小组会议纪精神和1991 年国务院《关于企业职工养老保险制度改革的决定》规定,我国进行多层次养老保险体系的实践。其中,基本养老保险为第一层次,由政府直接举办;企业补充养老保险为第二层次;个人储蓄养老为第三层次。刘子操2005 年就提出,商业保险介入失地农民的社会养老保险,通过填补保障项目和增加保障水平两种形式,由政府、用地单位和农民分别用土地出让金、征地补偿和个人出资筹集保障基金,作为失地农民基本养老保险的补充。[②]除此之外,我国 2009 年开始实施的新型农村养老保险和 2011 年 7 月开始实施的城镇居民养老保险也提出了多层次保障的思路。近十年来,随着我国城市化和工业现代化进程的加速,大量农用地的非农化,失地农民数量剧

---

① 1984 年 4 月中央财经领导小组会议纪要中做出结论:"……考虑建立法定集体企业职工养老保险制度,由中国人民保险公司经营,使养老金管理制度社会化、专业化,减轻国家和集体企业的负担。"《中共中央关于建立社会主义市场经济体制若干问题的决定》第 2 条指出,建立多层次的社会保险制度……发展商业性保险,作为社会保险的补充。1991 年国务院《关于企业职工养老保险制度改革的决定》中明确指出:随着经济的发展,逐步建立起基本养老保险与企业补充养老保险和个人储蓄养老保险相结合的社会保险制度……

② 刘子操.建立有商业保险参与的失地农民社会保障体系[J].哈尔滨商业大学学报(社会科学版),2005(5):23-24.

增,引发了一些社会问题。同时,征地安置和补偿方式的变化,导致失地农民的权益保障和生活保障严重缺失,引起人们对失地农民群体的关注。从而,对失地农民养老保障的研究也不断增多,取得了丰硕的成果。

2. 失地农民产生的背景及其安置政策的国际比较

大量失地农民产生的历史背景是工业化和城市化的发展。从国外的经验来看,由于不同的宏观经济环境,各国的城市化模式发展不同,对失地农民的安置政策有所不同。但是,发达国家和部分发展中国家,对失地农民的安置都有一个共同点,就是十分尊重失地农民的权益,实施妥善的安置政策,并提供养老保险计划。他们的经验与做法,为我国对失地农民的安置及其养老保险体系的设计提供了有益的借鉴。

2.1 中国城市化背景下土地征用政策的演变

如前一章所述,土地的多重效用为农民提供了多方面的保障。由于城市化的发展需要而征用农地,导致农民失去了基本的生产资料和收入来源,必须对失地农民进行妥善的安置。我国在不同的历史发展阶段,根据城市化的目标,采取不同的土地征用政策,因而对失地农民的安置政策也体现出阶段性特征。

2.1.1 中国城市化的进程及特征

城市化[①],也有的学者称之为都市化,是一个变传统落后的乡村社会为

---

① 城市化与城镇化同样出自 urbanization 的翻译,城镇化也是我国城市化研究者和政府工作者经常用到的一词,其体现了镇在城市化进程中的突出作用,二者实质上是城市化的不同模式在基本名词中的体现,在国际上是通用的。从发达国家居民点的划分来看,镇属于城市体系的一部分,我国的法律也作了类似的规定,我国《城市规划基本术语标准》中规定城市是以非农产业和非农人口聚集为主要特征的居民点,包括按国家行政建制设立的市和镇。

现代先进的城市社会的自然历史过程,[①]具体包括人口职业的转变、产业结构的转变、土地及地域空间的变化。城市化是社会经济发展的一个必经阶段,从聚集效应和扩大需求两个方面对工业化和经济发展起着巨大推动作用。

城市出现在原始社会向奴隶社会转变的时期。但是,在相当长的历史时期,城市的发展和城市人口的增加极其缓慢。城市化史始于18世纪60年代的英国产业革命,英国是世界上第一个实现城市化的国家。1980年,发达地区国家的城市人口的比例平均为70.9%,其中,美国为72.9%,日本为76.2%,联邦德国为84.7%,英国为90.8%,加拿大为80.1%。而发展中国家的城市人口比例平均为30.5%,其中不少国家低于20%。[②] 城市化的程度是衡量一个国家和地区经济、社会、文化、科技水平的重要标志。2011年年底,中国城镇人口占总人口的比重首次超过50%。这标志着中国城市化进入一个新的阶段。[③]

一、中国城市化的历程

从1949年开始,中国的城市化已有60多年的历史。中国的城市化经历了艰难与曲折的过程,大致经历了四个阶段。

第一阶段:城市化启动时期(1949—1957年)

1949年新中国成立后,为了迅速恢复、发展国民经济,中共中央七届二中全会提出了"党的工作重心由农村转向城市"。1953年进入"第一个五年计划"建设时期,国家的各项政策发生了很大的变化,城市化的建设开始启动并以较快的速度发展。在此期间,随着多个重大城市工业项目开工及部分城市的新建和扩建,工厂从农村招收了大量职工,极大地促进了我国的城市化进程。统计资料显示,自1949—1957年,城镇人口增加了4 184万人。[④] 城镇人口占总人口的比重由10.64%上升到15.39%,平均每年增长0.69个百分点。在这个时期,为了适应快速的城市化,不断地征用农民的土地。如上所述,这一时期国家发展战略的重点是优先发展重工业,以工业

---

① 高珮义.中外城市化比较研究(增订版)[M].天津:南开大学出版社,2004:3.
② 高珮义.中外城市化比较研究(增订版)[M].天津:南开大学出版社,2004:17,36.
③ 中国社会科学院社会学研究所2012年12月19日发布的社会蓝皮书《2012年中国社会形势分析与预测》分析结果以及2011年国家统计局统计公报。
④ 汪冬梅.中国城市化问题研究[M].北京:中国经济出版社,2005:83.

化为核心和动力。而对失地农民的安置主要是将其转为城镇居民,并实施就业安置。

第二阶段:城市化波动时期(1958—1985 年)

从 1958 年开始,由于历史的原因,国家宏观政策出现失误,城市化经历了较大的波折。首先,国家发动"大跃进",农村劳动力爆发性地涌进城市,导致城镇人口猛增 3 100 万。同时,农村开始了人民公社的建设时期,对农产品长期实行统购统销,关闭自由贸易,过早地取缔了私营资本主义经济和个体经济,国家垄断了工业化。由于这些决策上的重大失误,加上三年自然灾害的影响,使农村经济遭受极大的损失。在这种背景下,政府对城市政策进行了调整,大量精简城镇人口,大批知青下乡和干部下放,出现了城镇到农村的人口逆向流动。其中 1961—1963 年全国共精简职工 1 800 万人,压缩城市人口 2 600 万人,使城市人口迁出大为增加。从 60 年代初至 60 年代末,全国总计有 5 000 多万市民被送往农村,其中知识青年有 2 000 多万,城市化进入波动阶段,城市化水平徘徊在 17.1%~17.9%之间。①

1978 年以后,由于国家政策的调整,出现了政策性农村向城市的人口迁移,这些转移人口包括回城的下乡知识青年和下放干部以及高校恢复考试招生等,使城镇人口在短时间内出现了大幅度增长,城市化水平有所恢复,由 1978 年的 17.9%上升到 1985 年的 23.7%。

第三阶段:城市化平缓推进时期(1985—1999 年)

随着经济体制改革的深入,1985 年以来,宏观经济环境稳定,国民经济持续发展,带动了乡镇企业的高速增长。农村非农就业大幅度增加,特别是经济结构调整后,劳动密集型的轻工业在城乡各地得到迅速发展,第三产业受到重视,城市的经济活力增强,就业吸纳能力逐步提高,为加快城市化的发展提供了有利条件。1985—1992 年,城市化率由 23.7%提高到27.6%,年平均提高 0.56 个百分点。中国城市化经过了大起大落之后,进入一个全新的发展阶段,从战略上已成为一种国家行为,它体现的是社会成员的整体意志和共同愿望。

---

① 任素华.关于我国城市人口迁移情况的浅析[J].社会学研究,1988(4);刘纯彬.二元社会结构:分析中国农村工业化城市化的一条思路[J].经济研究参考资料,1989(171,172).

第四阶段：城市化快速发展时期（2000年—至今）

党的十五届五中全会上决定要积极稳妥地推进具有中国特色的城市化。2000年我国城镇人口为45 906万人，城市化水平为36.2％。2001年到2007年城市化水平分别为37.70％、39.1％、40.5％、41.8％、43％、43.9％和44.9％。[①] 2011年城市化水平为51.27％。由此可见，这一时期我国城市化发展速度非常快。

历史证明：中国60多年的城市化道路，实现了工业化和经济社会的快速发展。这种趋势在将来的10年或更长时期，会保持持续稳定的态势。（见表2-1、表2-2和图2-1、图2-2）

表2-1 中国城市化进程

阶段	时间	城市化特征	城市化率
第一阶段	1849—1957	启动时期，短期内发展快	10.6％～15.4％
第二阶段	1958—1984	波动时期，速度变化无常	17.1％～23.7％
第三阶段	1985—1999	平缓时期，发展速度缓慢	23.7％～30.9％
第四阶段	2000—2011	快速发展时期，稳步加速	31.2％～51.2％

资料来源：2000年以前的数据来源于汪冬梅.中国城市化问题研究［M］.北京：中国经济出版社，2005：83；2000年以后的数据作者根据国家统计局2000—2011年的统计年鉴相关资料整理形成。

表2-2 中国城市化率变化表

时间	1949	1957	1963	1978	1985	1992	1999	2006	2011	2016
城市化率(％)	10.6	15.4	17.9	17.9	23.71	27.46	34.78	43.9	51.27	58.52

资料来源：2000年以前的数据来源于汪冬梅.中国城市化问题研究［M］.北京：中国经济出版社，2005：83；2000年以后的数据作者根据国家统计局2000—2016年的统计年鉴相关资料整理形成。

当前我国城市化发展偏向于追求速度而忽略全面发展的趋势，很可能会造成新的城市贫困群体。城市化究其本质来说，是农村人口不断地向城

---

① 国家统计局2007年2月25日公报，http://www.epire.org.cn2007.3.1.

城市化率（％）

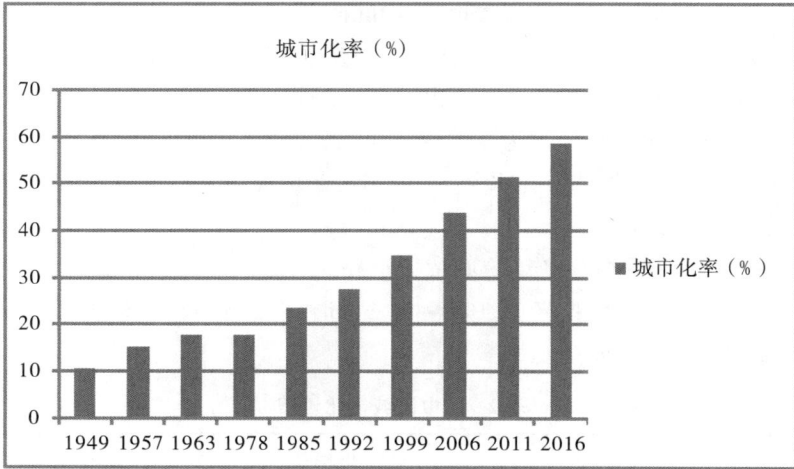

图 2-1　中国城市化进程柱状图

城市化率（％）

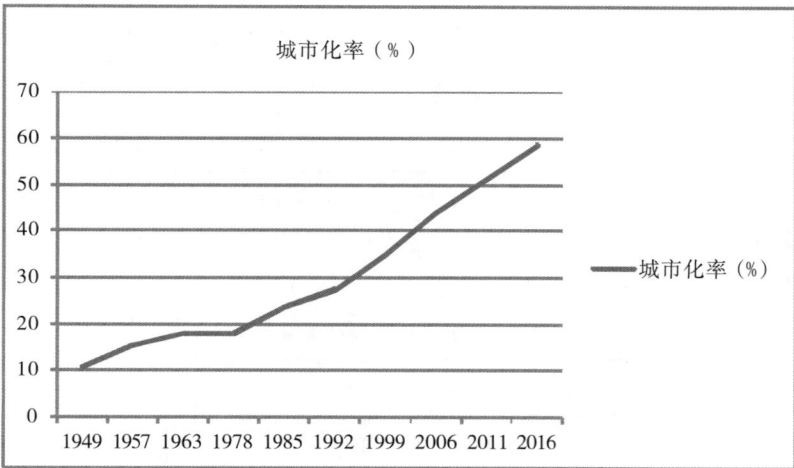

图 2-2　中国城市化进程折线图

镇集聚的过程和各种生产要素在空间上得到优化配置的过程。本来通过城市化使得更多的农民非农化，在城市工作可以获得较高的劳动收入，可以享受较高的消费，因此吸引着农村人口源源不断地向城市迁移。如果不顾国民经济发展和城市化的质量，盲目推进城市化速度，相应的配套措施又跟不上，势必会带来许多社会问题。

二、中国城市化的特征

由于受到经济社会结构、政治体制变迁、思想观念等因素极其深刻的影响,与世界上其他国家和地区相比,我国城市化发展具有明显的特征。

(一)依靠政府行为作城市化的动力机制

纵观我国城市化发展的历程,体现出政府主导型特征。其城市化模式的优点是可以通过行政力量将分散的、有限的生产要素予以集中,形成集聚效益。从主观影响因素来看,发达的资本主义国家的城市化源于资本家对剩余价值的追求,基于纯经济性目的。然而,中国城市化的动力特点是政治性和社会性,其动力主体是政府和城市居民,本来农村居民也是其中之一,但是,农民由于受制于严格的户籍管理制度而被排除在城市之外。对于政府来说,城市化必须有利于其政治目标的实现;对于城市居民来说,城市化必须有利于其生活水平的提高。由于这种非经济性的动力机制,导致城市化的指导思想和政策的偏差。为了加快工业化建设,国家一方面运用行政手段,垄断了工业化,实行强制性粮食统购统销和工农产品剪刀差,将农业剩余转化工业积累,另一方面却不能形成应有的投入产出效益,造成极大的浪费。这就使城市发展不能创造出更多的就业机会来吸收农村剩余劳动力,减弱了城市化对农村劳动力需求的拉力。

(二)城市化受到城乡双重体制的严重制约

由于长期实施城乡有别的双重体制,我国的城市化进程受到严重的阻碍。这种双重体制包括城乡不同的所有制、商品交换的体制和分配体制。首先,城乡不同的所有制体制。中华人民共和国经济制度的基础是生产资料公有制,即全民所有制和集体所有制。在城市主要是全民所有制,在农村主要是集体所有制。在城市的全民所有制经济中,所有城市居民,包括机关、事业单位的职工及家属、集体所有制的职工和家属以及拥有城市户籍的居民,都不同程度地享有就业、住房、粮食、劳保、福利等特权,而且这种特权的享受主要来源于国家财政,而农民被排除在外。在这种情况下,劳动力流动机制不发生作用,农民进入城市,具有经济和社会身份地位双重的重大改变。城市的发展,主要依靠国家财政的支撑。其次,双重交换体制。在城市内部和乡村内部都实行商品的等价交换体制,但是,城乡之间的商品交换却不是等价的。这种不等价交换的体制,是根据非经济强制手段建立的,并且是通过工农业产品的剪刀差来实现的。其结果是造成了工业对农业的过度吸取,也就是城市对农村的过度吸取,并在整个社会的政治经济环境中制度化了。这必然大大挫伤了农民的积极性,使农业这个国民经济的基础和城市化的基础变得非常羸弱,大大延缓了城市化的正常进程。再次,城乡不同的分配体制。由于国家政策对城市居民的过度保护和支持,使得城乡居民收入差距拉大,农民收入相对不断下降,整体上导致国内有效需求严重不足,影响整个国民经济的增长。其结果直接影响了城市化的进程。低水平的城市化现状制约了城市化聚集效益的产生,传统农民难以实现向城市居民的转变,难以享受城市发展的收益。

(三)城市化的进程呈现波浪式

我国城市化的进程主要特点是波动大。由于城市化的动力机制是政府发动型,因此,政治的动荡和政策的变化直接影响城市发展状况。1953年以前,国民经济恢复时期,城乡壁垒尚未形成,城市人口增长较快。1955年农村合作化运动,进城的劳动力返乡,城市人口增长骤然下降。1956年又猛增,1958—1960年,城市人口迅猛增加,这是大跃进时期的特征。1961—1965年,三年困难及经济调整,增强农业第一线,将2 000多万城市职工精简下放到农村,城市比重人口急剧减少。1966—1976年,"文革"十年,知识青年上山下乡,干部下放,导致了城市人口比重骤减,城市人口每年增长速度不到2%,城镇人口占总人口比重处于停滞状态。1977—1983年,我国社会经济稳定,国民经济处于恢复发展阶段,导致城镇人口的机械增长很快,城镇的人口比重增加5.6%。1983年以后,随着改革开放的进一步深入,农村经济的繁荣和城市经济的发展,使城市人口正常增长。

2.1.2 中国土地征用政策的演变

早在1928年,民国政府就曾颁布了专门的土地征用法。当时实行土地私有制,被征用土地主要是城市和农村的私有土地,征地补偿以价格补偿为中心。城市(镇)郊区是城市的扩展区域,经济活跃,也是工业化和城市化占用土地最多的区域。新中国成立后,依据社会变革及相关法规的制定时间为依据,可以把我国的土地征用补偿政策的演变分为三个阶段。

一、土地征用补偿立法起步阶段(1950—1955年)

新中国成立之后,第一个涉及土地的法律就是面向城市郊区这个区域。1950年11月10日中央人民政府政务院颁布实施的《城市郊区土地改革条例》,强调城市郊区所有征收的农业土地都归国家所有,由市人民政府管理,统一分配给无地少地的农民耕种使用。后来,随着各项经济制度的建立与逐步完善,经济建设的发展对建设用地的需求越来越迫切,中央人民政府于1953年12月5日通过了新中国第一部关于土地征用比较完整的法规——《中央人民政府政务院关于国家建设征用土地办法》(以下简称"旧《办法》"),其中第八条对征用土地补偿费的标准以及失地农民的安置都做了详细的规定,以确保失地农民不会流离失所。

这一阶段国家在征用农民的私有土地的补偿标准上强调公平合理的原则,使失地农民在当前切身利益没有损失的条件下,自觉地服从国家利益。当时的农民乐于接受这一政策,因为当时人地矛盾不突出,用地单位及政府劳动部门比较容易安置失地农民就业,社会效果良好。

二、土地征用补偿政策调整阶段(1956—1977年)

1956年3月17日全国人大常委会第33次会议通过的《农业生产合作社示范章程》正式实施后,在全国开展农业生产合作化运动,生产资料也由农民私有转变为集体所有。由于生产资料所有制发生了根本性变化,1953年所制定的旧《办法》难以适应新形势下国家宏观环境的客观要求。根据社会经济情况的变化,1958年1月6日,国务院公布实施《国家建设征用土地办法》(以下简称"新《办法》")。为了实现工业化,国家开始实行促进经济发展战略,要求农业为工业提供积累。新《办法》的出台,就是这种政策思路的体现。其中规定,征用土地的补偿费,由当地人民委员会与用地单位和被征用土地者共同评定。对于一般土地,根据最近2～4年产量的总值为标准。对于失地农民尽量农业安置或者其他方面予以安置。在当时就业形势不是很乐观的情况下,这种安置途径被广大失地农民所接受。

三、土地征用补偿政策逐步完善阶段(1978年—至今)

十一届三中全会以后,确立了"以经济建设为中心"的国家总体发展思路,国民经济建设全面复苏,为满足大幅度增长的建设用地需求,1982年5月4日,国务院颁布并实施《国家建设征用土地条例》。该条例是对1958年的新《办法》的修订而成的。1986年6月25日,在《国家建设征用土地条例》的基础上修改并出台了《中华人民共和国土地管理法》。20世纪90年代以来,随着我国城市化的快速推进,城市建设用地需求急剧增加,各地出现了征地浪潮,大量征用农地,导致人均耕地面积不断减少。为了保护耕地,1998年8月29日,新修订的《土地管理法》于1999年1月1日起正式施行。新《土地管理法》颁布,取消了市县一级人民政府的征地审批权,同时上

调了各项补偿安置标准(见表 2-3)。在此阶段,共造成失地农民
11 144万。[①]

这一阶段征地制度取消了市、县级政府的土地征用审批权力,上收了征
地权限;提高了征地补偿标准,但是征地补偿项目基本不变,补偿的标准仍
然以征用前用途的经济价值为依据,忽略了征用后的价值变化。

表 2-3　土地征用政策的演变及征地补偿内容

阶段	时间	政策法规	征地项目及补偿标准	对失地农民的安置办法及效果
一	1950—1955	1950:《城市郊区土地改革条例》	征收土地归国有,分配给无地少地的农民,给被征地者适当补偿	以地换地,协助转业
		1953:《中央人民政府政务院关于国家建设征用土地办法》(旧《办法》)	被征用土地补偿费:以最近3~5年产量的总值为标准,或者以公地予以调剂	农业安置或其他安置方式,失地农民乐于接受
二	1956—1977	1958:《国家建设征用土地办法》(新《办法》)	征用土地补偿费:由当地人民委员会与用地单位和被征用土地者共同评定,根据最近2~4年产量的总值为标准	

---

① 根据卢海元(2009)的测算,从 1978—2007 年失地农民的规模为 6 957 万人,每
征地 1 亩产生 1.43 个失地农民,2008—2017 年总征地 195.19 万公顷(根据 2008—2017
年中国国土资源公报数据整理),则截至 2017 年年底失地农民的规模为:6 957+195.19
×15×1.43=11 144(万人)。

续表

阶段	时间	政策法规	征地项目及补偿标准	对失地农民的安置办法及效果
三	1978—至今	1982:《国家建设征用土地条例》 1986:《中华人民共和国土地管理法》 1998:《中华人民共和国土地管理法》(第一次修正)	土地补偿费:被征用前3年平均年产值的6~10倍; 安置补助费:每人按照被征用前3年平均产值的4~6倍; 土地附着物和青苗的补助费:省、自治区、直辖市规定。 如果不能使需要安置的失地农民保持原有的生活水平,可以增加安置补助费,但是不能超过被征地前3年平均产值的30倍	多种安置方法:招工安置、货币安置、留地安置、土地入股、土地换保障等,实施效果各地差异大,共造成了11 144万失地农民
		2004:中华人民共和国土地管理法(第二次修正)	如果按照上述标准支付土地补偿费和安置费合计按30倍计算,仍不足以使失地农民保持原来生活水平,从国有土地有偿使用收益中划出一定比例给予补偿	

资料来源:作者根据历年的土地征用政策整理形成。

从我国土地征用政策的演变过程来看,根据经济发展目标和城市化的需要,建设用地需求急剧增加,征地补偿计算方法一直沿用产值倍数法,补偿标准逐步提高,征地权限也逐步集中,失地农民的规模也从1978年后加速扩大(见表2-4和图2-3、图2-4)。

表 2-4 根据城市化水平推算的失地农民数量

年份	年末耕地面积（亿亩）	年末总人口（万人）	城镇人口比重（%）	人均耕地面积（亩）	征用耕地面积（万亩）	失地农民数量（万人）
1978	14.91	96 259	17.92	1.55	52.71	75
1979	14.92	97 542	18.96	1.53	150.16	215
1980	14.9	98 705	19.39	1.51	62.91	90
1981	14.9	100 072	20.16	1.49	114.01	163
1982	14.79	101 654	21.13	1.46	145.6	208
1983	14.75	103 008	21.62	1.43	74.72	107
1984	14.68	104 367	23.01	1.41	214.77	307
1985	14.53	105 851	23.71	1.37	109.57	157
1986	14.53	107 507	24.52	1.34	128.61	184
1987	14.38	109 300	25.32	1.32	129.01	185
1988	14.36	111 026	25.81	1.29	80.34	115
1989	14.35	112 704	26.21	1.27	66.62	95
1990	14.35	114 333	26.41	1.26	33.81	48
1991	14.35	115 823	26.94	1.24	90.89	130
1992	14.31	117 171	27.46	1.22	90.34	129
1993	14.27	118 517	27.99	1.2	93.15	133
1994	14.24	119 850	28.51	1.19	92.44	132
1995	14.25	121 121	29.04	1.18	95.28	136
1996	19.51	122 389	30.48	1.59	261.62	374
1997	19.49	123 626	31.91	1.58	262.52	375
1998	19.45	124 761	33.35	1.56	289.04	426
1999	19.38	125 786	34.78	1.54	267.61	383
2000	19.24	126 743	36.22	1.52	271.7	389

续表

年份	年末耕地面积 （亿亩）	年末总人口 （万人）	城镇人口比重 （%）	人均耕地面积 （亩）	征用耕地面积 （万亩）	失地农民数量 （万人）
2001	19.14	127 627	37.66	1.5	273.76	392
2002	18.89	128 453	39.09	1.47	273.76	391
2003	18.51	129 227	41.53	1.43	277.42	397
2004	18.37	129 988	41.76	1.41	238.42	341
2005	18.31	130 756	42.99	1.4	239.83	343
2006	18.27	131 448	43.9	1.39	178.48	255
2007	18.26	132 129	44.9	1.38	197.17	282
2008	18.25	132 802	45.68	1.37	287.4	411
2009	18.8	133 474	46.59	1.41	413.8	592
2010	18.85	133 972	49.68	1.41	317.85	454
2011	18.89	134 735	51.27	1.4	379.5	543
2012	20.27	135 404	52.57	1.50	389.1	556
2013	20.27	136 072	53.73	1.49	329.4	471
2014	20.26	136 782	54.77	1.48	241.2	345
2015	20.25	137 462	56.1	1.47	239.1	342
2016	20.24	138 271	57.35	1.46	162.9	233
2017	20.23	139 008	58.52	1.46	167.6	240
累计						11 144

资料来源：(1)1978—2007年的数据转引自卢海元.被征地农民社会保障工作的基本情况与政策取向[J].社会保障研究,2009(1):10-20.

(2)2008—2017年年末全国总人口和城镇人口比重数据为国家统计局年报数据；

(3)2008—2017年征地面积根据国土资源部(现改为中华人民共和国自然资源部)网站统计公报整理形成；

(4)失地农民人口数根据每1万人口完成城市化平均需要不少于1平方公里土地的国际经验和2003年我国每征地1亩平均造成1.43个失地农民进行计算。

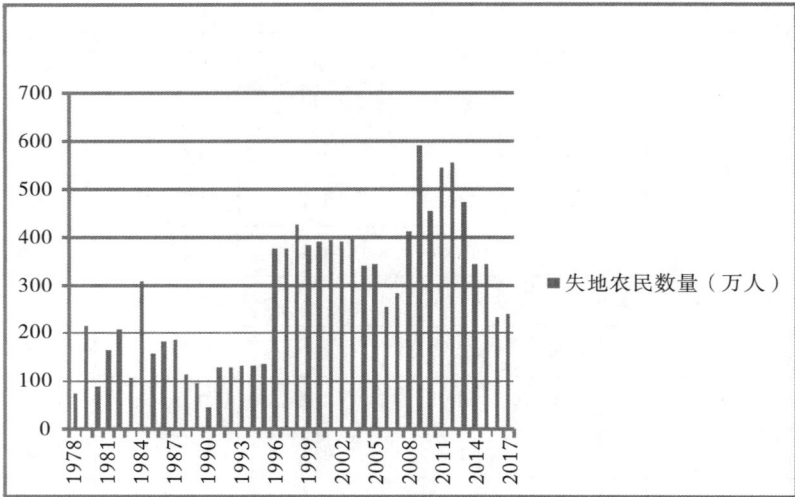

图 2-3　失地农民人口数规模柱状图

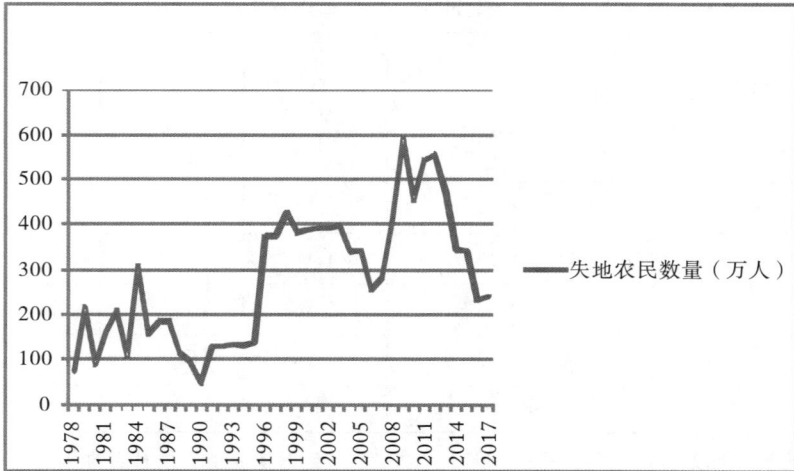

图 2-4　失地农民人口数变化折线图

2.2 中国失地农民安置政策的演变

失地农民的安置政策随着工业化发展水平和城市化的进程不断调整，而且不同地区的经济发展水平不同，安置政策也具有地方特色。在现行土地征用制度下，我国典型的失地农民安置政策大致有以下几种。

2.2.1 招工安置：户口农转非并安排就业

招工安置时期按照"谁征地谁安置"的原则，对失地农民进行户口农转非和招工安置。国家在征地时，将农民的农村户口转为城镇户口，并安排城市就业岗位。一般由征地单位或由其委托的其他单位负责安置。根据有统计资料可查的数据显示，1978—1991 年共形成的 2 078.834 万失地农民都通过这种方式得到了妥善的安置。[①] 基于现实的城乡差别，在当时严格的二元经济结构下，农民户口农转非，并得到招工安置后，就可以享受城镇职工的一切社会福利政策，拥有稳定的收入和就业、完善的社会保障制度等等。这种早期的失地农民的安置方法，不仅农民乐于接受，而且非常渴望。后来随着市场经济改革的深入、劳动力市场的逐步完善，这种计划经济时代的安置方式越来越不适应环境的变化，逐渐被其他的安置模式所替代。

2.2.2 货币安置：一次性货币补偿

货币安置[②]是一种被国家法律明确认可的安置补偿方式。在改革开放初期，随着国有企业股份制改革，城市劳动力市场逐步开放，加上乡镇企业发展进入困难阶段，出现严重的结构性失业，大批的国有企业员工和农民工失业。同时，由于工业化和城市化的需要，全国大规模地征用农地，需要安置的失地农民增多，城市的工作岗位无法吸纳剩余的劳动力，国家和征地单

---

① 卢海元.被征地农民社会保障工作的基本情况与政策取向[J].社会保障研究，2009(1):10-20.

② 货币安置是指在土地征用时，由政府和征地单位根据土地上从事的农业生产收益情况，一次性支付失地农民的非农业化价值以及土地非农化后产生的相关联极差收益补偿费，失地农民在一次性全额领取补偿费后，自主择业，自行解决养老、医疗等社会保险待遇。

位难以对失地农民继续进行招工安置,因而逐步将招工安置演变为货币安置。以广州市为例,2003—2004 年征地中货币安置占了 94.29％。[①] 四川省1999—2006 年对失地农民货币安置的比例达 72.99％,江苏省对失地农民货币安置的比例为 86.8％。[②] 这种安置方式虽然操作简单,大大地减少了政府征地的工作量和安置压力,但是,也存在诸多的局限。第一,货币安置本质上只是一种货币化的招工安置,并不包括土地补偿费的全额给付,反而由失地农民自己承担就业风险。第二,征地补偿的计算方法缺乏科学性、合理性,往往把很重要的土地变更用途后的潜在收益和土地对农民的保障功能忽略了,造成对失地农民极大的权益损害。第三,有限的货币补偿容易导致农民消费上的短视行为,毫无计划地在短期把补偿款用于过高的消费,导致生活陷入困境。失地农民由此对这种"要地不要人"的安置方式逐渐产生不满,转而又要求政府解决生活困难,引发上访等事件,成为社会不稳定的因素,政府无法一劳永逸地解决失地农民问题。随着货币安置的缺陷日益突出,采用新的安置方式势在必行。

以上分析表明,单纯的招工安置和货币安置都有缺陷。后来各地在吸收经验的基础上,纷纷探索多样性的安置方式,比较典型的是在货币安置的同时,采用复合安置方式,使失地农民在获得适当补偿的同时,在就业、社会保险和继续分享土地收益方面也有相应的保障。

2.2.3 留地安置:集体组织开发

留地安置[③]是在货币安置基础上的一种复合安置,在全国有许多成功的经验。首先是湖南咸嘉安置模式。该模式的特点是"三集中、三统一":集中管理土地,统一进行拆迁;集中安置农民住宅,统一负责征地、拆迁、补偿工作;集中使用土地补偿安置费,统一安排农民生活生产。通过这种安置模式,利用留用土地集体建房出租或商业经营,使土地保值和增值,同时解决

---

① 李明月,胡竹枝.广州市失地农民安置的调查与思考[J].宏观经济研究,2009(8):80-82,95.

② 金晶,张兵.城市化进程中失地农民的安置补偿模式探析——基于江苏省 16 县(市)320 户失地农民安置补偿模式的调查[J].城市发展研究,2010(5):74-79.

③ 留地安置是指在征收农民土地的同时,按一定比例给被征地的农民集体留下一定数量的经济发展用地,使农民在失去一部分土地的同时,并不失去土地的保障,也就是实行集中开发式安置。

了失地农民的就业、社会保障和生活方式的转变问题,弥补了单纯的招工安置和货币安置的缺陷,并且成功地解决了征地过程中的政府、失地农民和开发商三者之间的矛盾。[①]

其次是广州市的留地安置模式。2005 年粤国土资发[2005]51 号首次明确规定,可按征地面积的 10％～15％比例给被征地单位留地以作为生产发展用地。留地安置不仅可以使得失地农民集体享受城市化、工业化的成果,而且他们的后代也可以继承相关的收益,受到了农民的普遍欢迎。广州市通过留用土地工商混合使用的项目收益,2004 年达到了 170 万元,亩均收益超过 10 万元,保证了农民分享土地增值收益,生活水平也有所提高。

第三是厦门市的金包银工程。2005 年 8 月,厦门市为解决失地农民问题,推出一种“金包银”工程。即政府征地时,在村庄外围预留一定的空间,统一建设商业用房,作为失地农民经营性收入的来源。“金”就是进驻工业区的各类企业,“银”就是就地改造的村庄。“金包银”被称为农村城市化进程的一种有效形式,也是一种“就地城市化”。

留地安置有一个共同的特点,就是它的适用范围针对那些城市的近郊,交通非常便利,地理位置十分重要的地区。然而,留地安置也有缺陷:一是存在潜在的资产风险,如果企业投资失利,集体经济可能会受到严重损害;二是有可能造成失地农民对留用土地收益的依赖心理。厦门、广州和深圳都不同程度地存在这种情况。

2.2.4 土地入股:保留土地产权

土地入股是土地所有权和经营承包权不变的前提下,农民个人和集体以土地的所有权分别入股,由征地单位投资,获得“土地股权”的一种安置方式。比较典型的有广东南海模式和安徽芜湖模式,这种安置方式也是货币安置基础下的复合安置。

广东南海的股份合作制模式产生于 1992 年。这种模式以土地为中心,把土地功能划分为农田保护区、经济发展区和商住区,有效地利用了土地资源,然后将集体财产、土地、鱼塘和农民承包权折价入股,向农民分配股份,建立董事会、监事会等组织机构行使管理职能,使农民在失去土地使用权后能继续保持土地收益权,并享有土地在非农使用后的级差增值收益。安徽

---

① 廖小军.中国失地农民研究[M].北京:社会科学出版社,2005:144-151.

芜湖的集体建设用地流转模式是在南海模式的基础上的创新:在土地所有权不发生变化的情况下,改变农民集体所有建设用地使用权。这种模式确立了农民集体建设用地的财产权地位,拥有土地处置权、土地收益权和保障权。

这种安置方式具有的优点:有利于农民土地使用权和经营权的分离,保障了农民对土地的收益权,使得失地农民分享工业化、城市化的成果。这种模式在经济发达和交通便利的地区效果显著。同时这种模式也有局限:资产封闭弱化了股权的资本性功能;影响了社会资源的优化配置;失地农民没有参与企业经营,可能面临企业经营的市场风险,导致股权收益的损失。

2.2.5 土地换保障:社会保险或者商业保险与协助再就业

土地换保障的思路,主要是基于农民在生存能力低下和被排除在社会保障制度外的双重压力下,农用土地的社会保障功能得到强化,而农民失去土地后,现行征地补偿标准已经难以保证失地农民维持现有的生活水平,需要建立一种社会保障制度作为对土地保障功能的弥补。2003 年开始,各地在探索土地换保障的实践中,绝大部分都采纳了土地换社保的建议,也有实践土地换商业保险的地区。后来,根据失地农民失地后的生活情况,在保险保障的基础上,探索促进失地农民再就业。这也是一种复合式的安置方式,即在适当货币补偿后,加上保险保障和协助再就业。所以,出现了以上海、广州、重庆和义乌等为代表的具有地方特色的模式。

(一)上海:小城镇社会保险模式

这种方法是从 20 世纪 90 年代初的"谁征地、谁吸劳"的安置办法逐步完善的。从 2002 年实施土地换社保办法:对于失地农民,由征地单位为其一次性交纳 15 年的养老、医疗保险费,发放一次性生活补贴,户籍农转非后,享受城镇居民同样的就业、培训政策,生活困难的可以申请低保。通过这种安置方法,既解决了失地农民的养老和医疗的保障问题,又保证了基本的生活水平,解除了失地农民的后顾之忧;同时帮助他们再就业,保障其可持续生计,受到了失地农民的欢迎,并实现了征地单位和失地农民的双赢。

(二)广州:全面保障模式

广州通过政府资助一部分基金,将失地农民纳入最低生活保障体系,为失地农民购买养老保险、医疗保险。广州市颁发了穗府[2008]12 号文件,明确由个人、集体、政府三方共同出资,所有失地农民都可以享受社会保险。

同时,对失地农民进行技能培训来提升其人力资本。仅仅南沙区从 2004 年至 2008 年,有 5 000 多人参加了共 20 多个专业岗位的培训。

(三)重庆:商业经营政府扶持模式

重庆作为一个为失地农民办理商业养老保险的典型,由政府组织,通过招标选取商业保险公司运作。投保对象为男 50 岁、女 40 岁,由政府统一向商业保险公司投保,资金来源是失地农民的土地补偿费、安置补助费。商业保险公司为每个被保险人建立长期个人账户,负责被保险人到领取期的支付。

(四)义乌:商业性保险模式

浙江义乌在土地换商业保险方面也进行了有益的尝试。与重庆市不同的是,政府组织由村集体为失地农民统一向中国人寿保险公司投保,所有的运作全部交给保险公司。

土地换保障的模式,很好地解决了失地农民的社会保险问题,有利于保护失地农民的权益,减轻了他们的生活、养老、医疗等压力,真正地促进了城市化的进程与社会的和谐发展。

2.3 国外失地农民的产生及安置政策分析

失地农民绝大多数产生于城市化的背景,不同的国家在不同的工业化和城市化阶段,会形成不同的城市化模式以及相应的失地农民非农化途径。通过分析国外失地农民产生的背景及其安置政策,寻找国外城市化与失地农民之间的关系以及失地农民的安置政策,可以为我国失地农民市民化提供参考。

2.3.1 国外失地农民的产生及其转移

一、发达国家失地农民的产生及其转移

城市化水平是衡量一个国家或地区的社会经济发展水平的一个重要标志。2003 年,西方发达国家的城市化水平就很高,英国的城市化水平达到了 90%,德国、美国和法国分别为 88%、78% 为和 76%,加拿大和日本为

79%。[①] 相比之下,作为一个发展中国家,同年,中国的城市化水平只有40.53%;到2017年,中国的城市化水平也只有58.52%。

国际上,农村土地获得的途径和占有方式等各方面的情况,都与中国有很大的区别。经济发达的国家,土地私有制,土地、产权关系明晰,土地主要是作为一种生产资料,社会保障功能很弱。同时国家的社会保障体系比较完善,土地被征用后,可以得到合理的经济补偿,不会连带产生就业和社会保障的问题。另外,在工业化和城市化的过程中,产业结构的变化提供了足够的工作岗位,能够吸收农村向城市转移的剩余劳动力。这样,土地征用和买卖就成为一个常规的市场化过程,不会产生激烈的社会矛盾。

（一）英国:政府主导模式

英国大规模城市化始于18世纪中叶的工业革命,到19世纪30年代末基本完成,经历了七八十年的时间。英国的城市化属于政府主导模式,圈地运动直接促进了农村劳动力向城市的转移。自1909年以来,英国先后颁布了40余个法律条例,利用福利国家制度解决城市化产生的社会弊端。同时,政府也利用法律手段调节城市化,为农村劳动力的转移扫清了障碍。这表明战后英国城市化进入了一个提高生活质量的阶段,政府对城市化进行干预,通过颁布一系列法律和建立相应的组织机构,来保证城市化的完善。

（二）美国:自由迁徙模式

美国的城市化为自由迁徙模式,以内生作用为主的自我发展。工业革命后第三产业的兴起又吸纳了很多农村剩余劳动力。美国城市化理论分析和实证考察表明,城市化必须建立在工业化的基础之上。工业化发展到一定阶段以后,服务业等第三产业的兴起,继续推动城市化的发展。美国的工业化率在20世纪50年代以后开始下降,服务业逐渐成为美国城市化的主要动力。

（三）日本:政府渐次诱导模式

日本政府首先提高农业机械化,加强对农民的教育培训,鼓励农民非农就业;然后推动城市工商业迁往农村,为实现农村劳动力就地转移创造条件。在日本的城市化过程中,日本政府的诱导起了非常大的作用:加强对农业的改造,促进农业现代化;用法律手段促进城乡协调发展;在实施城市化战略的同时,注意实现城乡一体化。

----

① 徐琴.农村土地的社会功能与失地农民的利益补偿[J].江海学刊,2003(6):75-80.

(四)德国:均衡发展模式

德国城市的兴起与工业化几乎同步进行,只用了 60 年的时间,到 1910 年德国基本实现了城市化。经过了 1815—1840 年城市化兴起的准备阶段、1840—1871 年的城市迅速发展阶段、1871 年帝国建立至第一次世界大战之前城市化的第三阶段后,1980 年德国一举超过了英国,城市化率达到 92.0%。

德国实现城市化所用的时间少于法、美等国,与英、法、美相比,德国工业革命起步较晚,城市化启动较迟。在城市化过程中,各类城市协调发展,德国城市布局以大中小城市均衡发展为特点。随着经济的快速发展,到 1996 年,德国城市化水平已达 94.6%。统一而健全的社会保障体系降低了城市化门槛,20 世纪 50 年代德国出台了农民养老机制。为了促进土地的流转,集中土地,提高农业效率,德国政府鼓励农民脱离传统农业,实施了农民卖地退休补贴政策。

二、发展中国家失地农民产生的原因分析

二战结束后,新兴工业国也开始了城市化的进程。比较典型的有拉美国家、韩国和印度等。与发达国家的城市化道路选择不同,很多国家采取集中型转移农村劳动力的办法,很快就达到较高的城市化水平。比如,在拉丁美洲和加勒比地区,在 2003 年,总体的城市化水平已达到 77%,其中,委内瑞拉为 88%,乌拉圭为 93%,阿根廷为 89%,智利为 87%。工业化是城市化的主要推动力,城市工业的发展提高了对劳动力的需求。但是,不同的发展阶段对劳动力的吸纳能力也不同。其中韩国、巴西和印度等国家,就因为农村土地集中迅速、人口流动规模大,导致城市社会负担过于沉重而出现了许多的社会问题。由于发展中国家的城市人口在短期内迅速扩大和大量的人口在少数城市过于集中,而城市经济又不能很快地充分吸纳劳动力进入就业岗位,导致相当一部分城市人口处于失业或就业不充分状态。这是一种没有劳动力吸收的城市化。

2.3.2 国外征地补偿与失地农民安置政策分析

土地征用在各国(地区)土地管理中的地位都是相当高的,在美国法学上称为"最高土地权的行使",英国法律中称为"强制收买",德国法律中称为"征收",日本法律称之为"土地收用"。

一、国外征地补偿政策分析

（一）美国的征地补偿政策

《美国联邦土地政策管理法》规定，政府有权通过土地买卖、交换、捐赠或征用的方式获得各种土地或土地权益。政府鼓励农民保护农业土地资源，不会轻易征用农用土地。土地征用必须具备三个条件：正当的法律程序、合理补偿、公共使用。征地的程序也非常严格。征地补偿的依据是美国的财产法。美国的土地征用补偿有三部分构成：征用前的市场价格，即土地现有的价值；土地可预期的未来价值；因征用而导致相邻土地的所有者、经营者的损失的补偿。[①]

（二）英国的征地补偿政策

英国法律规定，只有法定机构才有强制征地权，征用土地的依据是《强制征购土地法》，征地必须经过议会的批准才可以进行。英国对土地征用的补偿作了较详尽的规定，包括补偿范围和标准、土地征用补偿的估价日期、补偿争议的处理等。其中土地征用补偿的范围和标准包括：以公开市场的土地价格为基准土地（包括建筑物）的补偿；以市场的贬值价格补偿残余地的分割或损害；租赁权损失补偿；迁移费、经营损失等干扰的补偿等等。德国和日本也有类似的法律规定。

（三）韩国的征地补偿政策

韩国土地征用补偿的构成：地价补偿，以1990年韩国"土地公概念法案"统一公示地价为标准；残余地补偿，因征地导致残余地价值减低应予以合理补偿；迁移费用补偿，对被征地上的附着物，应给予迁移补偿费用；其他损失补偿，因征地使相关的人蒙受营业上的损失，或因转移建筑物时租金的损失。

纵观各国的土地征用政策，可以得出以下结论：第一，只有出于公共目的才能征地；第二，国家掌握土地征用权，只有国家才能行使土地征用权；第三，土地征用制度严格规定征地程序，严格控制对农民土地的征用；第四，土地的价格是实际的经济价值，同时还对一些直接或间接损失也应当进行赔偿，这些制度规定可以有效地保障失地农民的合法、合理的权益；第五，对失地农民的补偿都倾向于农民的利益，法律给予失地农民的补偿往往超过土地的市场价格。

---

① 宋国明.境外土地征用赔偿制度概览[J].国土资源,2003(10):52-54,24.

二、国外失地农民安置政策分析

国际上对失地农民的安置,除了健全社会保障体系和进行充分的征地补偿外,主要是对失地农民的就业促进。不同的国家在不同的阶段,其促进就业的措施有所差异。发达国家主要是注重职业培训和职业介绍,增加人力资本投入,提高劳动技能等。发展中国家主要注重成人教育和扫盲等。

英国和美国都是通过大力发展第三产业,吸纳农村剩余劳动力。英国城市化的后期主要是提高市民生活质量的城市化,所以,大力发展服务产业,增加就业岗位,这是一个很好的促进就业的途径。比如英国制定了《旅游发展法》,鼓励营建旅馆的投资,对某些企业实施特殊的优惠政策,增加了吸收劳动力的能力。美国在城市化中期工业化完成后,调整产业结构,提高第三产业的比重;还兴建成人教育设施,推动农村劳动力培训和就业。

日本在城市化到一定程度后,注重地方小都市综合功能的培育,以增加就业岗位。日本的土地资源异常稀缺,所以地方小都市遍布全国各地,在小都市的形成和发展中,政府和社会各阶层都注重发挥其经济、生态和社会等综合功能,发展一些具有地方特色的文化、旅游观光和食品加工产业等,大大增加了劳动岗位,吸收剩余的劳动力。同时,日本为了培训农村劳动力,对学校教育和社会教育政策、地区开发政策、中小企业政策、就业政策进行调整,强化职业训练,完善职业介绍体系。

在发展中国家印度,也侧重于职业教育,同时重视扫盲教育,把它看成是农村教育的中心,重视实用技术教育、专业教育、人口教育和环境保护教育等等,以提高农民非农就业的能力。

2.4 中外失地农民产生原因及安置政策的差异

2.4.1 中外失地农民产生原因的差异

虽然中外失地农民产生的背景,大多数是基于本国的工业化与城市化的需要,但是,由于两者的土地管理制度的区别、城市化的模式不同,导致了中外失地农民产生的原因有极大的差异。外国的农民属于主动失地,而中国的农民是被动失地。

从上述外国农民失地的背景及城市化的模式分析来看,国外(尤其是发达国家)的城市化,要么具有内生性特点,由于经济发展的推动需要;要么是政府主导,同时兼具完备的法律制度和组织管理,使得城市化质量很高;要么是政府诱导,出台一系列政策推动工农业与城乡的协调发展。并且随着城市化的不同阶段,推动工业结构的升级,营造良好的宏观经济环境,使城市发展能够吸纳农村剩余劳动力。农民失地后,不仅权益没有受侵害,反而可以获得更好的生活条件与发展机会,实现向城市居民的转化,并享受与城市居民同等的社会保险等福利政策。所以,农民一般愿意土地被征用,属于主动失地。

中国的城市化主要依靠政府行为作动力机制,经历坎坷,在不同的城市化阶段,采用不同的土地征用和安置政策。在计划经济时期,由于城市化速度较慢,城市化发展与国民经济的发展同步,失地农民得到较为妥善的安置,农民一般愿意土地被征用。后来,随着城市化进程的加快,土地征用目的泛化,政府大量征用农地,造成大规模的农民失地。同时,由于过度追求城市化的速度,城市经济的发展无法提供足够的就业岗位,农村剩余劳动力向城市转移困难。农民失地后权益损失严重,所有附属于土地的保障功能丧失,加上城乡双重的体制,失地农民在城市享受不到城市居民的同等福利,许多变成了城市的新贫困群体。所以,农民通常不愿意失去土地,属于被动失地。

2.4.2 中外失地农民安置政策的差异

由于中外土地管理制度和城市化模式不同,对失地农民的安置政策也有很大的差异。以下从征地补偿、对失地农民权益的保护和安置方式三方面对中外失地农民安置政策进行比较。

一、征地补偿的差异

中国的土地制度规定城市土地国有,农村土地集体所有。所以,城市化建设需要的土地必须经过土地国有化后才能开发。在征地过程中,政府享有绝对的权力,低价从农民手中买来土地,土地价格没有体现其经济价值,政府将土地转卖给开发商,获取巨额的转让差价。政府获得土地交易的收益只提取极少比例补偿给农民。而国外实施土地私有制,土地征用补偿大多数采取完全补偿法,除了补偿被征地者的直接经济损失外,还对相关的利益者进行补偿,土地的价格充分体现了土地的市场经济价值,农民可以获得充足的征地补偿,不会因为征地而造成生活水平下降。

二、对失地农民权益的保护

中国对失地农民的权益保护不足,农民失地后,失去了一切附属于土地的权益,征地补偿偏低,没有获得土地增值收益和土地用途变化后带来的收益。只是根据土地征用前的用途,按照产值倍数法计算征地补偿费。所以,农民的权益受到严重侵害。而国外的土地征用政策和安置政策偏向于保护农民的权益。尊重农民的意愿和需求,尽量给予权益保护。

三、对失地农民的安置方式

中国的失地农民安置政策具有中国特色,最早从单一的招工安置到后来的多元安置以及以货币安置为主的复合安置,都体现了不同时期的安置政策变化。尽管如此,城市化率越高,对失地农民的安置越显得不足,因为失地农民的规模扩大很快,经济的发展远远跟不上农民失地的速度。所以,失地农民的问题越来越严重,市民化和非农就业困难,影响城市化的健康发展。而国外一般都是依法安置失地农民,养老保险体系自动覆盖,市民化和非农就业毫无障碍,更进一步促进城市化。

2.5 国外失地农民养老保险的经验及启示

根据研究分析表明,国际上专门针对失地农民的养老保险制度很少。通过对一些国家在工业化、城市化过程中城乡居民养老保险制度体现出作为农村剩余劳动力这一群体所享有养老保险的情况进行分析,可以得出一些有益于我国的启示。

2.5.1 国外失地农民养老保险的经验

一、英国:福利国家制度

如前所述,英国进行城市化之前,早在 16 世纪初就开始工业化和城市化的预备阶段。最早出现大规模农村剩余劳动力是圈地运动造成失去土地的自耕农向城市的转移,给城市带来一系列的城市贫困、失业等社会问题,而引起社会的动荡不安。国家通过立法进行社会救助。1601 年出台了《济贫法》,保证贫民的最低生活水平。1795 年又修订了《斯宾汉姆兰条例》,规定如果其劳动所得不能维持生活,可获得政府补贴。《济贫法》被认为是欧洲社会保险制度的起源。1824 年国会通过了《济贫法》的修订案,建立为贫困者提供居住和工作的济贫制度。1909 年以后政府利用福利国家制度解决城市化造成的一系列社会发展的断裂。1948 年在《贝弗里奇报告》的影响下,成立了世界上第一个福利国家。至此,包括农村剩余劳动力在内的所有居民,都享受"从摇篮到坟墓"的包括养老、医疗、教育等的福利保障。后来,由于福利制度的过度福利,造成政府财政负担过重,进行养老保险的多层次改革。第一层次是国家基本养老金,作为保障劳动者基本权益方面的国家政策底线之一,是现代社会保障必不可少的一环,体现着社会福利的普遍性原则;第二层次是职业养老金,由私人和公共部门的雇主给雇员提供的,从 2012 年 10 月起成为更具强制性的职业年金;第三层次是私人养老金。

二、美国:随职业变化自动纳入养老保险体系

美国的城市化开始于 20 世纪初,源于经济发展的内生动力。在工业化、城市化过程中产生的农村剩余劳动力几乎都被不断调整的工业、服务业发展带动下增加的劳动岗位所吸纳,其职员的养老保险最早是职业年金。美国是职业年金的发源地,产生于 1875 年,起初是为永久残疾工人提供的养老保障,20 世纪 20 年代后,职业年金转向保障所有的雇员。二战以后,职业年金成为重要的企业员工福利计划。1935 年美国国会通过《社会保障法》,社会养老保险产生,1939 年美国国会通过社会保障法修正案,保障范围包括所有的雇员。后来美国实现了三层次的养老保险体系:第一层次是国家主办的社会保险,第二层次是雇主资助的私营养老保险,第三层次是个人储蓄。

三、德国:城乡一体化的养老保险制度

德国大规模的城市化历程只有六七十年的时间,大约在 1840—1910 年。德国的城市化注重城乡协调发展和城市的均衡发展,建立全国统一的社会保障体系。因此,只要农民进城工作,按章纳税,就纳入社会保障。20 世纪 50 年代德国出台了农民养老机制,使农业用地集中,适合农业向现代化大生产的生产方式转变。

四、日本:养老保险制度建设与城市化同步

日本的快速城市化开始于 20 世纪 50 年代,城市工商业为农村富余劳动力提供了大量就业机会,农业人口转移速度加快。同时,随着城市化的推进,城乡协调发展,城乡差别缩小。日本的养老保险制度的建立几乎与城市化同步。1944 年《厚生年金保险法》出台,覆盖大部分的工人,规定凡投保者加入 25 年以上、年龄 65 岁以上的，均可领取国民年金（基础养老金）。以国民年金为共通部分，把各种养老保险制度衔接，并逐步形成了多层次的养老保险制度。①

综上所述，发达国家养老保险制度的建立与完善，伴随着城市化的推进，农村剩余劳动力的养老问题也得到很好的解决。

2.5.2 国外失地农民养老保险给我国的启示

根据国际上的经验，我们可以从中得到以下启示：

第一，实施失地农民养老保险应该与城市化步调一致，或者快于城市化的步伐。随着城市化的推进，失地农民的安置问题已经不是个体风险问题，而是一个影响深远的农民群体风险问题。不能再依靠家庭或者社区来化解其养老风险，必须通过社会的保险机制来分散。②

第二，失地农民养老保险水平应与当地经济发展水平相适应。我国经济发展有着明显的区域差异，人们的生活水平从高到低东、中、西部呈阶梯状，所以可以借鉴美、英、日等国的经验，发展多层次的失地农民养老保险体系，以满足不同收入群体的养老需要，同时也兼顾公平与效率，使得失地农民的养老风险在多个主体中分散。

第三，坚持城乡统筹发展。按照社会保障城乡全覆盖、一体化的设想，将来我国的养老保险各种制度要衔接是个趋势。所以，从失地农民养老保险体系的设计中就要考虑将来与城乡居民养老保险、城镇职工养老保险的衔接。

---

① 林义.社会保险（第三版）［M］.北京：中国金融出版社，2010：39.

② 卢海元.建立健全被征地农民社会保障制度的理论思考与政策建议［J］.经济学动态，2004（10）：52-56.

3.中国失地农民养老问题的特殊性 及现行的养老保险措施

客观地说,在工业化和城市化过程中,由于大量农地转为城市建设用地,大量农民失去耕作的土地,是正常的现象,对于农民来说,未必就是坏事。相反,应该是一个良好的发展机会。因为他们可以脱离繁重的农耕劳动方式和传统的生活方式,踏入向往已久的城市社会,享受现代文明的成果。然而,由于各种各样的原因,导致我国大多数的失地农民向市民转化的过程并没有农地非农化那么简单,往往陷入身份的非农非工、生活方式的非城非乡的尴尬处境。他们生活水平下降,缺乏各种社会保障,收入不稳定,变成一个特殊的群体。他们的生活、医疗、养老、工作等存在不同程度的特殊性,尤其养老风险的显性化突出。

3.1 失地农民养老问题的特殊性

3.1.1 农民失地后总体生活水平下降导致抗风险能力减弱

农民失去土地前,靠耕作土地获取主要的生活资料,生活成本较低。农民失去土地后,由原来农民身份,变为城市居民,步入城市生活,转为从事非农职业,生活成本和就业成本增加,面临较高的社会风险。

一、失地农民职业变化较大

由于失地农民没有了基本的生产资料——土地,他们必须重新寻找就业机会,所以,职业的变化是失地农民特殊性的首要体现。章辉美(2008)对湖南大中城市郊区的失地农民调查结果显示,大部分的失地农民都实现了非农就业转移(见表3-1和图3-1、图3-2)。从职业的转移看,失地前,农民从事农业的占83.7%,个体工商者4.1%,私营企业主0.4%,无业人员2%。

失地后主要的职业有个体工商14.2%,城市打工者28%,私营企业主0.7%,技术工人5.6%,管理人员、运输人员和普通工人等11.6%,乡村各类打工者9%,无业失业者27.8%,总体上有66%的失地农民实现了从农业向非农业部门职业的转移,但是仍有超过25%的失地农民赋闲在家,成为无业失业者。[①]

表 3-1　农民失地前后职业的比较

失地前的职业		失地后的职业	
职业类型	百分比	职业类型	百分比
农民	83.7	农民	1
个体工商者	4.1	个体工商者	14.2
私营企业主	0.4	私营企业主	1.2
无业人员	2.0	失业人员	27.6
农村技术人员	3.7	技术人员	5.6
乡、村级管理人员	2.0	物业管理人员	3.3
企业一般管理人员	0.7	管理人员	5.2
		运输人员	3.1
		乡村各类打工者	9
		城市打工者和普通工人	28
其他	3.4	其他	1.8
合计	100	合计	100

资料来源:章辉美.城市化背景下失地农民职业转移[J].求索,2008(3):45-48.

　　失地农民的职业发生变化,其收入来源也随之变化(见表 3-2 和图 3-3、图 3-4)。康岚(2009)根据 2008 年对上海、河南商丘、辽宁沈阳和广东湛江四地的抽样调查结果显示,农民被征地后从事农业的家庭下降了 56%,以临时性的工作如打零工等增加了 17.7%,有 22.3%的家庭主要靠低保或者没有收入来源,陷入了贫困的境地。同时,失地农民就业的质量比较低,大部分失地农民就业以打零工为主,稳定就业的较少,特别是 40～60 岁的人员就业难度更大。[②]

①　章辉美.城市化背景下失地农民的职业转移[J].求索,2008(3):46-48.
②　段玉洁,李翔.浅析失地农民就业情况[J].中国市场,2010(3):58-59.

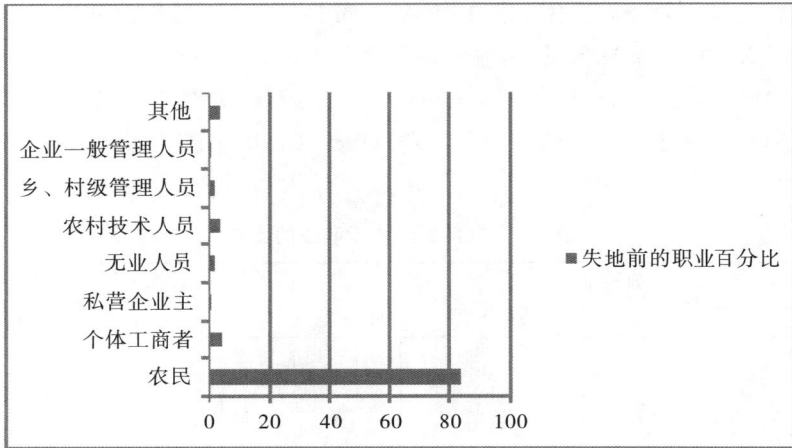

图 3-1　农民失地前主要从事的职业

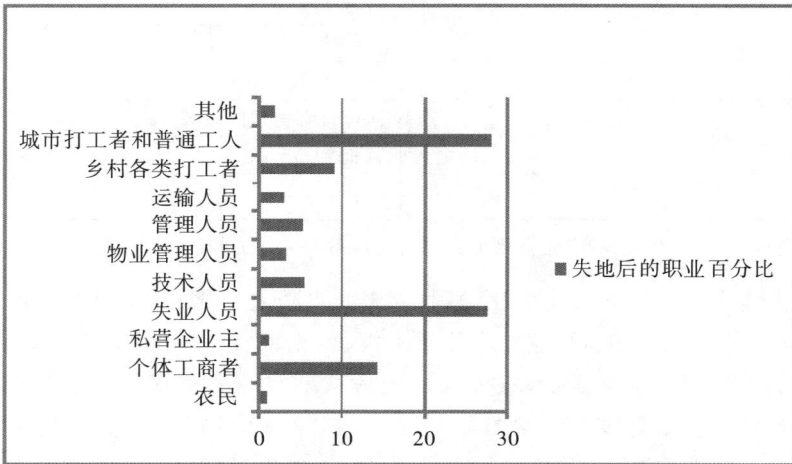

图 3-2　农民失地后主要从事的职业

表 3-2　农民失地前后家庭收入来源的变化

家庭主要收入来源	征地前		征地后		收入来源的变化
	频数	百分比	频数	百分比	
务农	344	60.6	25	4.5	−56.0
打零工、打杂、捡垃圾	133	23.4	227	41.1	17.7
做小生意	32	5.6	54	9.8	4.1
正式工作	66	11.6	66	12.0	0.3
房租等租金收入	13	2.3	23	4.2	1.9
养殖	16	2.8	7	1.3	−1.5
其他工作(运输等)	6	1.1	8	1.4	0.4
子女供养	7	1.2	22	4.0	2.8
镇保、低保			14	2.5	2.5
征地补偿、集体补贴等			7	1.3	1.3
没有收入来源	13	2.3	115	20.8	18.5
合计	568	110.9	552	102.9	

资料来源:康岚.从征地前后看失地农民的权益与保障[J].南京社会科学,2009(3):100-105.此问题最多可以填报 3 项,所以百分比总和大于 100。

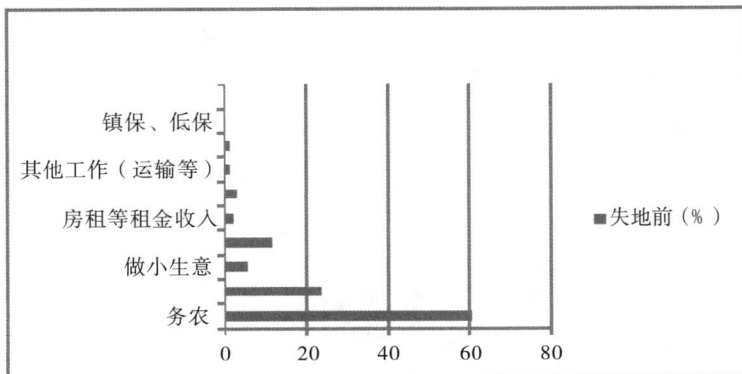

图 3-3　农民失地前家庭主要收入来源

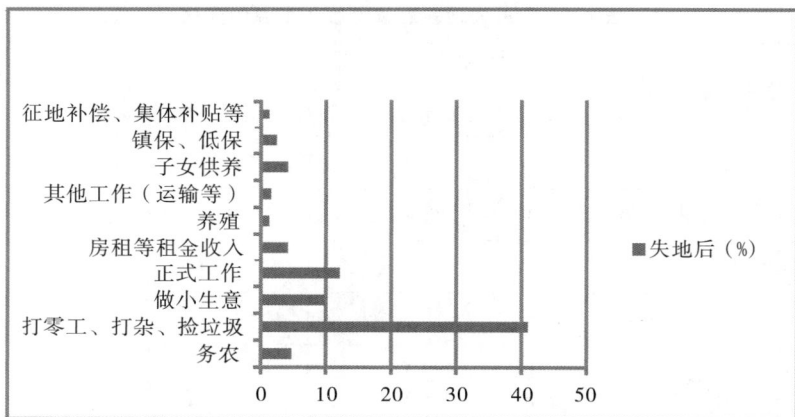

图 3-4　农民失地后家庭主要收入来源

二、失地农民总体生活水平下降

　　失地农民由于自身条件的约束,重新就业的稳定性较差,收入也较低,虽然现金收入有所增加,但相对于生活成本的提高,实际的生活水平下降。根据国家统计局对 2 942 户失地农民的调查,耕地被征用前人均纯收入2 765元,征地后年人均纯收入为 2 739 元。其中,收入增加的有 1 265 户,占 43%;持平的有 324 户,占 11%;下降的有 1 353 户,占 46%。[①] 因为失去土地造成失地农民生活水平下降的现象非常普遍(见表 3-3)。这是部分省市农民失地前后人均收入情况比较,从表中可以看出,8 个省市当中,其中有 5 个省市的人均纯收入增加了。但是,随着生活方式的改变,生活消费支出随之增加,而且增加的幅度远高于收入的增加,所以,纯收益就下降了。其中下降幅度最大的是福建省 56.1%,依次是广西、上海、天津,分别下降了42.75%、35.2%和 33.05%。

---

　　① 韩俊.失地农民的就业与社会保障[J].科学咨询,2005(13):28-31.

表 3-3　部分省市农民失地前后人均收入状况表

金额单位:元

地区	纯收入			生活消费支出			净收益		
	征地前	征地后	变动率	征地前	征地后	变动率	征地前	征地后	变动率
广东	3402.53	3622.89	6.5	2662.20	2745.04	3.1	740.33	877.85	18.6
上海	4753.00	4904.00	3.2	3863.00	4327.00	12	890.00	577.00	−35.2
福建	4166.00	3735.00	−10.4	3224.00	3363.00	1.3	842.00	370.00	−56.1
天津	4326.00	4731.00	9.4	3022.00	3858.00	27.6	1304.00	873.00	−33.05
湖南	2269.00	2514.00	10.8	1808.00	2075.00	14.8	461.00	439.00	−4.27
安徽	1697.90	2207.20	30	1152.10	1495.1	29.7	545.80	712.10	30.46
甘肃	2139.3	2128.60	−0.5	1296.20	1356.30	4.64	843.10	772.30	−8.4
广西	1918.83	1717.42	−10.5	1447.75	1410.3	−2.59	471.08	269.67	−42.75

资料来源:转引自杨一帆.中国农民社会保障制度建构与农地制度变迁[D].成都:西南财经大学.2010:116.

从东、中和西部三个区域来看,也反映了同样的情况(见表 3-4)。东、中部农民失地后收入增加,消费支出也有所增加,西部失地农民收入减少,制约了生活消费的增长。东、中、西部失地农民消费支出的增加远超过收入增加的额度,年人均消费支出增加额与收入增加额之差分别为 239.16 元、90.92 元和 71.28 元。生活质量严重下降,主要是因为现金支出增加,没有了耕种土地获得自给自足的生活资料而需要更多地从市场上购买部分生活用品。

表 3-4　东、中、西部失地农民收支情况比较

项目	东部	中部	西部
年人均纯收入变动(元)	+104.44	+98.77	−81.96
家庭人均收入变动(%)	+51.98	+37	+26.20
年人均消费支出变动(元)	+343.6	+188.8	−10.68
家庭人均生活消费支出变动(%)	+60.43	+66.95	+41.25

资料来源:蒋礼文,文晓波.东、中、西部失地农民生存状况的对比分析研究——以16省、市、自治区农调队公布的调查报告为例[J].特区经济,2007(4):138-139.

三、失地农民的个人风险和家庭风险明显增加

城市居民的退休年龄是女 55 岁、男 60 岁,但在农村,只要身体允许,他们仍然继续劳作:或者在田间耕作,或者庭院种植,或者养殖。也就是说,只要有一份土地,他们仍可以实现自我养老。一旦离开了土地,他们被迫提前退休,赖以养老的基础都没有了。老龄失地农民(指超过劳动年龄的劳动者)一般为女 55 岁和男 60 岁以上,他们提前进入退休期,失去自我保障能力。对于他们来说,养老风险最突出。中年的失地农民,即处于劳动年龄的劳动者,他们当中的少部分人经过改革开放多年的锻炼和闯荡,成为农民企业家,有了自己的实业或商铺;有的随着观念的转变和市场的激励,找到了具有稳定收入的工作单位或适合发挥自己特长的工作;但更多的是面临失地失业。尤其是 45~59 岁的男性和 35~54 岁的女性,失去了土地,对他们来说就等于失去了一切。他们普遍文化程度不高,缺乏谋求生计的技术和本领,在家庭中负担赡养老人和抚养孩子的重任,需要承受多方面的压力,茫然、失落、急躁和不安是他们的主要心理表现。这种情况,在浙、苏、闽、鲁、粤五省更严重。2002 年在国家信访局受理土地征用初信初访 4 116 件中占了 41%,这意味着城市化和工业化速度愈快,失地农民的难题就愈突出。对于中年人来说,就业和养老同样重要。

个人风险包括谋求新职业需要支出的较高成本,并承担这种投资的风险,或者就业上不稳定造成的失业风险和承担无业过程的心灵痛苦。这种个人风险在很大程度上会转化为家庭风险,并在家庭层面上继续放大,衍生新的风险。当个人风险和家庭风险在失地后社会化,又无法通过社会获得保障时,失地农民的抗风险能力急剧下降。

3.1.2 传统的养老保障功能迅速弱化

一、以土地为基础的家庭养老功能减弱

首先体现为家庭内部利益结构发生变化,老人在家庭中的权威地位正在丧失。家庭养老是家庭范围内的代际经济交流,建立在道德、文化基础上,它的持续运行依赖于老人在家庭中的权威地位,这是由家庭利益结构决定的。在传统的农业社会里,在生产经验、家财用具和家庭管理方面,对年长老人有极大的依赖。一旦农民失去了土地,老人对家庭生产性资源的利用和控制能力丧失,虽然代际之间的互惠交换关系依然存在,但是交换的结果所带来的利益回报不是等价的,利益结构的变化会导致家庭内部权力结

构的改变。老人在家庭中的权威地位下降,核心家庭的夫妻关系代替传统的亲子关系,从而对老年人的关注减少。其次,土地的养老保障功能完全丧失。许多年前,人们认为农村之所以没有社会保障,老人们也不会担心经济保障问题,最主要的原因是土地具有养老保障功能。拥有一份土地,农村老人只要有能力自己耕种土地或者做些力所能及的家务,土地由子女耕作,就有了基本的生活依靠和来源。但是,这种保障作用正随着工业化、城市化的发展慢慢变弱。

二、家庭小型化导致家庭养老功能弱化

由于计划生育政策的实施,农村家庭的子女数也大大减少。同时,失地农民本身的就业相对困难,自我生存和发展的成本也大大增加,收入不稳定,家庭生活压力大,对老年人提供的收入就会减少。家庭小型化使过去一般是多对夫妇供养一对老人变成现在一对夫妇供养两对及两对以上老人,赡养老人的负担增加,从经济上和精力上都很难维持。

3.1.3 人口老龄化增加失地农民老年生活风险

人口老龄化增加了年轻人的赡养负担,这种全国普遍存在的问题,也出现在失地农民群体中。失地的青壮年虽然也履行了在经济上供养父母的义务,但是在生活照顾和精神慰藉方面就明显不足了。所有这些,都增加了老年人生活的风险。之所以征地后农民面临这样特殊的养老保障问题,集中表现为失地农民权益的严重缺失。土地征用作为一种服务于公共利益的强制性行政行为,其结果导致农民失去了原有的生活来源和生活保障,客观上损害了农民的权益。因此,征地方应该在土地征用补偿费中体现对失地农民的补偿,比如生活保障的补偿等。国家作为公共利益的代表,应该建立失地农民社会保障体系对失地农民进行补偿。由此可见,土地征用问题引发了失地农民的养老保险的缺失,它们之间有着内在的因果关系。

土地是国家法律赋予农民的社会保障的载体。这种保障源于农民对土地拥有的权利,只要拥有土地,农民就能够获得就业机会,靠土地的收益就能满足其最基本的生活需求,并且土地还可以被农民的后代所继承,为农民带来直接收益和资产增值。因此,在我国土地是农民工作和生活的基础。农民对土地有天然的依存关系,农民对土地的这种依赖心理称为风险最小化,即农民耕种土地不是追求经济利益最大化,而是因为种植解决了生存问题。当农民从土地中剥离开来,相关的社会保障制度和征地补偿制度没有配套的时候,他们的养老保障权益将受到不同程度的侵害,养老的不确定性将随之增加,养老风险加剧。

3.2 失地农民养老问题的原因分析

3.2.1 现行的土地管理制度存在的缺陷使失地农民权益保障缺乏法律依据

一、有关土地征用的政策法规存在缺陷

(一)"公共利益"界定不明确

《中华人民共和国宪法》(2004)第 10 条规定,"国家为了公共利益的需要,可以依照法律规定对农民集体所有的土地实行征用,并给予补偿",但对公共利益未作具体解释。《土地管理法》第 43 条则规定:"任何单位和个人进行建设需要使用土地,必须依法使用国有土地。"这里的"任何单位和个人"建设用地,包含了企业和个人的经营性用地。这样导致政府的土地征用目的泛化,征用权的运用不规范,侵犯农民的合法权益。

(二)土地征用政策与市场经济规则相违背

首先,我国市场经济体制改革已逐步深入,生产要素主要通过市场来配置,唯独农村集体土地,实行计划经济条件下的行政性征用和补偿。其次,农民的土地被征用后,他们购买生产和生活资料都是按照市场价格来支付,包括他们的重新就业也是市场化,但在土地被征用时,他们得到的却是低廉的行政性补偿。然而,当政府出让土地时,却按市场价格获得高额的土地出让金。显然,这样的土地征用政策与市场经济规则相违背。

二、征地补偿标准的确定不合理

(一)由于种植的作物、品种不同可能导致同等质量的土地产值差异大

原有的土地产值并不体现土地的真实价值。例如,种植水稻、花卉和某种蔬菜的每亩年产值分别为 750 元、9 000 元和 12 000 元,[①]如果用于现代农业,比如集生态农业、精品农业和休闲观光农业等为一体的都市农业,其

---

① 纪昌品等.基于土地生产功能差异的征用补偿制度完善的思考[J].国土资源科技管理,2007(4):16-20.

价值会更高。所以,以传统农业的收益为基础作为赔偿的标准,明显偏低。

(二)征地补偿标准没有包括土地的增值部分

农地被征用后用途发生改变,地价急剧上升,尤其是经济发展较好的地区和大中城市城郊的土地,人地关系日益紧张,地价迅速飙升。按照现有的征地制度,土地的增值收益全部由征用者享受,作为土地原有的所有者和使用者的失地农民,完全被排除在外,失地农民并没有享受到土地变更用途后的超额收益。这样的制度安排,实质上是以牺牲农民利益加快城市化进程,是加剧城乡差距而不是有利于城乡一体化。比如:福建省1978—2005年农业用地产值和单位建设用地产值的变化情况,农业产值从1978年的23.93亿元增加到2005年的831.08亿元/平方公里,其中2001—2005年年均增长20.09万元/平方公里,单位建设用地产值从1978年的42.44亿元增长到2005年的5 737.85亿元,其中2001—2005年年均增长948.12万元/平方公里。可见,随着工业化、城市化的发展,农业用地产值和单位建设用地产值差距不断扩大,以土地原有用途确定补偿标准明显不合理。①

(三)以产值为依据确定补偿标准,不能补偿失地农民失去的利益

由于土地承载着诸多的功能,农民失地,除失去土地之外,还失去了附着在土地之上的一系列权力和利益。土地也是一项重要的财产,隐含着巨大的价值,农民失地将失去这一切。产值倍数补偿只是失地农民的直接损失补偿,远远无法补偿农民失去的所有权益。

三、土地补偿费的分配不合理

根据《中华人民共和国土地管理法实施条例》(1998)规定,土地补偿费归农村集体经济组织所有,地上附着物及青苗补偿费归农民所有。农民所得的地上附着物和青苗补偿费,只占全部征地补偿费的极少部分。占征地补偿费主要部分的土地补偿费,则全部由农村经济集体组织所有,客观上为村干部侵吞失地农民利益提供了方便。在浙江上虞市梁家山村,政府拍卖土地时的价格为100多万元一亩,总额达1.5亿元,而农民得到的征地补偿费只有2.5万元/亩。再比如,辽宁省凌海市巧鸟乡京沈高速公路征地

---

① 孙利,林丹.双重二元经济条件下失地农民补偿问题研究[J].当代经济,2008(12)下半月:16-18.

补偿费,经过市、乡、村各级截流,最后到农民手中每亩只有 260 元。[①] 按照国务院发展研究中心课题组的数据,征地之后土地增值部分的收益分配,投资者占 40%～50%,城市政府占 20%～30%,村级组织留下 25%～30%,农民拿到的补偿款,只占整个土地增值收益的 5%～10%。[②]

3.2.2 征地过程中政府职责的错位直接侵害失地农民的权益

在市场经济条件下,各种生产资料通过市场调节与配置来发挥基础性的作用,唯独土地这一项资源还处在各级政府的直接控制之中。因而,在农地征用问题上,政府承担了多重的职能,扮演了多重角色。在征地过程中,政府是征用者,也是唯一的征地权行使者;土地征用后变为国有土地,政府又变成了土地出让者;在制定征地安置方案和确定征地补偿标准时,政府是决策者;在实施这些方案时,政府又是执行者;最后,当出现征地纠纷时,政府又作为调节和裁决者。正是由于土地征用和分配领域政府的权力占主导地位,在征地成本和土地出让中的差价巨大,容易产生设租和寻租行为,这样会造成严重的不良后果。第一,滋生腐败行为,大量浪费土地资源,国有资产收益流失严重。根据土地专家的保守估计,全国每年国有土地资产收益流失至少 100 亿元以上。[③] 第二,由于土地出让金收益归地方财政,形成土地财政。近 10 年来,各地土地财政现象非常严重,土地出让金在地方财政收入中比重迅速增长。资料显示,2001—2003 年,全国土地出让金 9 100多亿元,约相当于同期全国地方财政收入的 35%;2009 年 1.5 万亿元,占全国地方财政总收入的 46% 左右。有些省市,土地出让金占财政收入比重已超过 50%,有些甚至占 80% 以上。[④] 第三,政府作为理性的"经济人",受经济利益的驱动,一方面积极地征占农地,导致失地农民数量剧增;另一方面又在补偿和安置时采取消极的态度,挪用、克扣、拖欠征地补偿款和安置费,对失地农民的生活保障和社会保险问题的配套措施不完善,导致失地农民被逐步边缘化。致使失地农民面临就业、生活保障、融入城市等三大难

---

① 卢海元.建立健全被征地农民社会保障制度的理论思考与政策建议[J].经济学动态,2004(10):52-56.
② 韩俊.很多地方,政府成了一个卖地的大公司,这是不正常的.中央电视台《焦点解读》,2010-12-07.
③ 蔡继明.中国征地制度改革的三重效应[J].社会科学,2006(7):133-138.
④ 于猛.土地财政不可持续[N].人民日报,2010-12-27.

题。这样,由于政府职能的错位,政府行为的不规范,使失地农民难以获得合理的补偿和充分的保障,非农就业也面临极大的困难。

3.2.3 城乡养老保险的二元结构导致失地农民养老保障不充分

长期以来,我国实行二元化的社会和经济结构,在社会养老保险方面尤其突出。城市居民有城镇职工养老保险和机关事业单位的养老制度,农村主要靠家庭养老。早在 1992 年我国探索农村养老保险制度,由民政部门组织办理,但是覆盖面和保障水平都非常低。截至 2005 年年底,参加农村养老保险的农民只有 5 442 万人,占农民总数的 5.8%,积累基金 310 亿元。由于种种原因,农村养老保险发展很慢,有些地方还出现了退保潮或者停办。到 2008 年年底,参加农村养老保险的农民有 5 595 万人,积累基金 499 亿元。[①] 以重庆市为例,保障水平低,部分农民只能领取每月八九元的养老金。然而,农村的养老问题并没有很突出,主要是因为农村的家庭养老是建立在土地的保障功能之上的。土地是农业最基本的生产资料和生产要素,是农业生产所必需的物质条件和自然基础。尤其是家庭联产责任制实行以后,村集体的作用瓦解,家庭保障的作用反而增强。政府在征用土地时,通常只采用一次性的货币补偿,农民的许多附属于土地上的种种保障同时丧失。更为严重的是失地农民脱离土地后,转为城市居民,大部分并没有享受到城市居民的养老保障,因为他们难以在稳定的企事业单位就业,无法纳入城镇职工养老保险,更没有能力购买商业养老保险。这样,失地农民的养老保险成为一个真空地带。

在 2009 年 9 月我国实行新型农村养老保险的试点后,少部分试点的失地农民获得新农保的保障。但是,这种保障水平很低。我国城乡居民的收入水平、消费水平和生活成本差异很大,以农民的老年收入标准,在城市生活消费,远远不够,甚至都达不到城市居民的最低生活保障水平。这种低水平的失地农民养老保障,不能满足他们的基本养老需求,容易出现老年贫困。

---

① 人力资源与社会保障部网站 2008 年统计资料。

3.3 现行的失地农民养老保险措施及评价

3.3.1 现行的失地农民养老保险措施

由于失地农民的权益严重缺失,对他们的生活和养老带来极为不利的影响。对失地农民生活情况调查结果[①]显示:农民失地后76.2%的人收入下降,3.8%的人收入基本持平。同时现金消费增加,每月生活费开支增加25%左右,总体生活水平下降。生活的困难强化了他们对失地后基本生活保障的渴望。据调查,失地农民最期盼的社会保障,在六个选项中,69.2%认为是基本养老保险,56.4%认为是大病医疗保险,30%认为是最低生活保障。鉴于失地农民的养老和生活保障需求问题,从中央到各级政府高度重视,陆续出台了一系列政策、文件,要求各地做好失地农民的生活和养老保障工作。理论界也展开了热烈的讨论,实务部门也进行诸多的探索和尝试,改变了以往普遍实施的一次性货币补偿,使失地农民的养老问题得到缓解。

从2003年开始,中央政府及相关部门就陆续采取措施保证失地农民的合法权益不受侵犯。2004年至今,国务院及国务院办公室就颁布了5个涉及失地农民利益保障的文件。[②] 其中,中央1号文件明确规定要完善失地农民的合理补偿机制和健全对失地农民的社会保障,强调要切实维护失地农民的法合法权益。其余4个文件都不同程度地强调解决失地农民的社会保障的资金来源问题。总的文件精神是:保证失地农民社会保障资金的落实,确保失地农民不因失地而生活水平下降;各地可以根据实际情况提高征地补偿标准;失地农民社会保障费用不落实的,不得批准征地等等。

2007年国家颁布的《中华人民共和国物权法》第42条,首次将失地农民的社会保障费用的安排提高到国家法律的层次,主要包括:明确了农民对

---

① 韩俊.失地农民的就业与社会保障[J].科学咨询,2005(13):28-31.

② 这5个文件包括2004年《国务院关于深化改革严格土地管理的决定》(国发〔2004〕28号)、2006年的中央1号文件、2006年的国务院办公厅转发原劳动和社会保障部《关于做好被征地农民就业培训和社会保障工作的指导意见》(国办发〔2006〕29号)、《国务院关于加强土地调控有关问题的通知》(国发〔2006〕31号)、《国务院办公厅关于规范国有土地使用权出让收支管理的通知》(国办发〔2006〕100号)。

土地的权益和征地补偿费用以及社会保障费用不受侵犯；确保土地征用补偿费、安置补助费、地上附着物和青苗的补偿费等费用足额发放；任何单位和个人不得贪污、挪用、私分、截留、拖欠征收补偿款等等。

2007 年和 2008 年人力资源和社会保障部会同相关部门出台了 3 个文件，①强调各地必须加快失地农民社会保障制度的工作，没有落实失地农民的社会保障工作之前不予以审批征地等等；并规定对不落实失地农民社会保障工作而批准征地的行为进行处罚。2010 年国土资源部下发了《关于进一步做好征地管理工作的通知》，要求每 2～3 年对补偿标准进行调整，逐步提高征地补偿水平，及时足额支付；应支付给失地农民的补偿安置费，要直接支付给农民个人。《通知》要求，要采取多元安置途径，优先进行农业安置，规范留地安置，推进失地农民社会保障资金的落实。本着"谁用地，谁承担"的原则，鼓励各地结合征地补偿安置积极拓展社保资金渠道。失地农民纳入新农保的，还应落实失地农民的社会保险，不得以新农保代替失地农民社会保险。

各地政府也根据自己的实际情况，颁布和实施了一系列失地农民养老保险措施。截至 2008 年年底，全国共有 27 个省 1 201 个县市开展了失地农民社会保险工作，1 324 万人纳入基本生活或者养老保险，②占总失地农民 7 367 万的 18%。2014 年整合新农保和城居保成为城乡居民养老保险后，失地农民就加入到城乡居民养老保险。截至 2017 年年底，有 70% 以上的失地农民参加了基本养老保险，但是由于缴费标准过高和保障水平低，一般只选择最低的缴费档次，因而保障水平就很低，失地农民对养老保险现状不满。可以说，失地农民养老保险实施政策的效果不理想。

在各界的共同努力下，失地农民社会保障范围不断扩大，关于失地农民的养老保险工作和相关的配套措施也不断完善，弥补了我国工业化、城市化进程中社会保险制度的缺失，加快了社会保障制度体系的完善。全国各地关于失地农民养老保险有六种不同的典型模式（见表 3-5）。

---

① 2007 年原劳动和社会保障部和国土资源部联合下发《关于切实做好被征地农民社会保障工作的通知》（劳社部发[2007]14 号）、原劳动和社会保障部和民政部、审计署联合下发了《关于做好当前农村社会养老保险工作有关问题的通知》（劳社部函[2007]31 号）、2008 年人力资源和社会保障与监察部、国土资源部等部门又联合下发了《违反土地管理规定行为处分办法》（15 号令）。
② 人力资源和社会保障部网站 2008 年统计资料。

表 3-5　失地农民养老保险典型模式

模　　式	区域(省、市、县)	特　　点
独立的失地农民养老保险	吉林、广东等 22 个省和太原、西安等市	县级统筹;以 40 岁以上的群体为主要保障对象;政府、集体和个人三方筹资,一次性交清;运行模式:统账结合;待遇水平:195～915 元不等。
纳入城镇或城镇职工社会保险	北京、成都、南昌和银川;江阴、宜都	五险合一,16 岁以上的群体,政府补贴较高。
纳入小城镇社会保险体系	上海	享受养老保险和医疗保险,享受城镇居民同等的社会福利与政策,由征地单位缴纳社会保险费。
纳入农村养老保险	山东	个人、集体和政府共同出资,统账结合。
纳入基本生活保障制度	浙江湖州、绍兴、舟山、金华等、武汉黄陂村	建立失地农民基本生活保障专项基金,主要针对超过劳动年龄群体。
投保商业保险	重庆、浙江义乌	以行政村或者社区为单位,向保险公司投保,由保险公司经营。

资料来源:作者总结失地农民养老保险典型模式并结合其特点整理形成。

一、实施独立的失地农民养老保险制度

失地农民社会保险始于 2004 年 12 月天津颁布的《天津市被征地农民社会保障试行办法》,该办法明确规定了社会保险基金的构成、养老保险覆盖范围、资金来源、筹资渠道、待遇水平等。截至 2012 年年底,有 22 个省份和太原、西安等城市开展了单独的失地农民养老保险,这 22 个省市是吉林、黑龙江、辽宁、广西、广东、福建、浙江、江西、山东、河北、湖南、河南、贵州、湖北、安徽、海南、云南、新疆、内蒙古、江苏、宁夏、天津。各地虽然没有统一的政策与措施,但是,从大体上可以总结为以下几方面:

(一)保险对象与统筹层次

大部分省市的文件都规定失地农民凡是年满 16 周岁,都纳入投保范围。但是,在实际工作中,因为统筹层次都是以县市为单位,同一省市不同的统筹地区的政策差异较大。比如福建省,按照福建省办公厅的《关于做好被征地农民就业培训和社会保障工作的指导意见》中16～34岁重点就业保障,35～59岁重点组织投保。其他地区对保障范围的规定也不尽一致。厦门:对18～45岁(或40岁)的青年不列入保障范围,只把45岁以上的人作为重点保障对象。漳州:18～59岁。南平和晋江:60岁以内。上杭:16～55岁。从全国来说,普遍做法是分年龄段,采取不同的投保方法:16岁以下,一次性货币补偿;16～40岁(男45),以促进就业为主;40(男45)～60岁,作为养老保险的重点发展对象。一次性缴纳5～15年的保险费,年满60岁就可以享受养老金;60岁以上的群体,以基本生活保障为主,也有规定一次性缴纳一笔保险费后,次月就享受到基本生活保障金。投保的人群都趋于高龄化,所以在许多已经实施失地农民养老保险的地区,现在领取养老金人数的比例很高。根据2017年统计年鉴数据测算,城乡居民养老保险制度赡养率为30.43%。有部分省市把所有年满16岁的失地农民都纳入养老保险范围的,如江西上饶、上海、西安和天津等。[1]

(二)筹资机制与运行模式

共通的筹资机制都是采取政府、集体和个人共同分担,政府缴纳部分从土地出让收益中列支,集体缴纳部分从土地的征地补偿款和集体积累中扣除,个人缴纳部分主要从安置补助费中支出。运行模式模仿城镇职工养老保险,采用社会统筹与个人账户相结合的方式。其中,政府缴纳部分进入社会统筹,集体和个人缴纳部分进入个人账户。具体的出资比例各地也不同。政府和集体的出资一般分别在30%～40%,个人出资在20%～40%,有些地区政府投入比较多,比如宁夏和海南50%,福建70%,贵州40%。[2]

(三)缴费方式与待遇水平

缴费基数:按照当地社会平均工资的一定比例,或者最低工资标准,或者规定一个固定缴费额,分不同的档次,由投保人自由选择,一次性缴清。待遇水平的确定,一般根据城镇企业职工退休人员的最低基本养老金或者当地城乡居民的最低生活保障水平,结合缴费水平、缴费年限等综合考虑。比如厦门2007年,三种缴费方法和不同养老金水平如下:第一,以当时最低工资标准700元为基数缴费,依照22%的缴费比例,那么一次性缴费15年

---

[1]　各类数据来源于人力资源与社会保障网或者各省区的政府官方网站。

[2]　卢海元.被征地农民社会保障工作的基本情况与政策取向[J].社会保障研究,2009(1):10-20.

费用总额是 27 720 元,退养时每月可领养老金 195 元;第二,按月缴费基数 2 413元的 60％(1 447.8 元)缴费,一次性缴费 15 年费用总额是 57 332 元, 退养时每月可领养老金 565 元;第三,按月缴费基数 2 413 元的 100％ (2 413元)缴费,一次性缴费 15 年费用总额是 95 554 元,退养时每月可领取 养老金 600 元。① 再比如西安市,规定不同的年龄段一次缴纳 5～15 年的 保险费,最低 10 186.2 元,最高 54 600 元,由国土资源管理部门一次从土地 补偿费和安置补助费中扣除,村集体和政府根据个人选择的档次,相应地给 予补助 23％～30％。领取的养老金每月从 220～300 元不等。也有部分地 区制定了养老金调节机制,一般参照当地最低生活水平。部分省份建立了 风险准备金或者调节金制度,从国有土地收入中提取一定比例如 6％～ 20％不等,作为政府储备基金来弥补资金的不足。

二、纳入城镇或城镇职工社会保险

纳入城镇社会保险的省市有北京、成都、南昌和银川。规定投保对象为 "农转非"的人员,年满 16 岁以上。这是一个集"五险合一"、基本社会保险 与商业补充保险为一体的保险制度。城镇保险的进入门槛较低,缴费基数 为社会平均工资的 60％,综合费率为 24％,低水平的基本保险,有利于减轻 政府的财政压力,发挥商业保险的发展空间。城镇保险的补充部分由政府 指导,采取优惠措施,鼓励单位和个人投保,缴个人缴费部分不计入个人所 得税,单位缴费在税前列支。

纳入城镇职工养老保险典型的有江苏的江阴市和湖北的宜都市。宜都 市把失地农民纳入城镇职工养老保险,不管失地农民直接进入企业就业,还 是与企业解除劳动关系,或者以灵活就业人员的身份投保,都视同城镇职工 投保,市政府对其投保缴费给予一定的补贴,并给予城镇职工同样的退休待 遇。江苏省江阴市 2010 年 7 月,人民政府发布"82 号文件",将失地农民的 养老保险与城镇职工养老保险接轨。文件规定,从 1949 年以来,所有的年 满 16 岁的失地农民,折算 15 年以上城镇职工养老保险缴费年限后,即可享 受城镇职工养老保险的待遇。由于原来失地农民养老保险的缴费和待遇水 平较低,为了并轨,江阴市政府和镇政府共投入 43 亿资金,作为政府出资部 分的补充。个人缴费部分最多 8086 元,但总体的待遇提高了四倍左右。这

---

① 冼青华.论商业型的失地农民养老保险模式——以福建省为例[J].学术论坛, 2011(5):135-139.

一措施,不仅提高了失地农民的养老水平,而且也缓解了征地矛盾,为土地财政降温,使有限的土地资源发挥最大的经济效益和社会效益。①

三、纳入小城镇社会保险体系

上海市实施的失地农民纳入小城镇社会保险体系具有鲜明的特点,它是在上海市浦东开发区在安置失地农民的过程中不断完善安置方案然后推广至全市演变而来的。20 世纪 90 年代初,在浦东开发区开放初期,对失地农民的安置采取"谁征地,谁吸劳"的方法,由开发公司组建的劳务公司把失地农民的就业一揽子包下来。后来随着开发建设的推进,无法承受日益膨大的安置数量,这种由劳务公司"包下来养起来"的安置方式与企业的劳动用工制度的改革不相适应。到了 1993 年,浦东开发区又改为"两保障,一补偿",即:由征地单位按照规定每月为失地农民提供养老保险、医疗保险等基本保障,并给予一次性经济补偿,不再就业安置。但是这种方法需要征地单位长时间地管理和操作,征地单位无法确定安置成本,而且各种变动因素会给失地农民的后期保障带来很大的风险。2003 年 10 月,上海市政府颁布了《上海市小城镇社会保险暂行办法》,将小城镇保险作为上海市社会保险制度的目标模式,受到了广大失地农民和征地单位的欢迎。主要的做法:第一,先保障。由征地单位在征地安置时为失地农民一次性交纳 15 年的养老、医疗保险费。第二,发放生活过渡费。失地农民获得基本的社会保险保障后,办理农转非,征地单位在给失地农民一次性生活补贴,以缓解失地后不能马上就业的生活困难。第三,市场就业。失地农民可以领取《劳动手册》,享受城市居民同样的就业、培训政策;生活困难的,可以申请低保。

上海小城镇社会保险的模式,规定征地单位的职责是落实社会保险费,解除了失地农民的后顾之忧。同时,规定从土地批文下达后的第 7 个月起必须支付失地农民的生活过渡费。加强对征地单位的约束,既保护了农民的利益,又保护了有限的土地资源,充分体现了政府的职能。②

四、纳入农村养老保险

把失地农民纳入农村养老保险,比较典型的有山东。从 2004 年开始,

① 朱江平.失地农民社会养老最重要——从江阴被征地农民并轨"城保"说开去[J].农村工作通讯,2011(2):28-30.

② 马伊里.从土地保障到社会保障的转变与跨越——上海浦东新区征地安置实践.楼培敏主编,中国城市化:农民、土地与城市发展[M].北京:中国经济出版社,2004(49-54).

按照山东省政府的文件规定,全部把失地农民纳入到农村养老保险,实行社会统筹与个人账户相结合的模式,缴费基数是上年度农民人均收入的15%,个人、村集体和政府的出资比例为4:4:2。所以,保险费相对低,但是保障水平也较低。也有将失地农民分别纳入城市和农村养老保险的省区,比如山西、陕西、四川、甘肃等,主要以城市规划区为界,规划区内、外的失地农民分别列入城镇和农村养老保险体系,各自享受相应的养老金待遇。自从2009年在全国试行实施新型农村养老保险以来,有些省区也逐步把失地农民纳入新农保,比如福建的厦门,湖北的赤壁市、宜都市、西塞山等。部分省区支持失地农民同时享受新农保和失地农民养老保险。

五、纳入基本生活保障制度

最早对失地农民建立专门的基本生活保障制度的是2003年的浙江。当时浙江对失地农民分类保障,各地设立失地农民基本生活保障专项基金,由财政专户管理,筹资方式是通过政府、村组织和个人按照3:3:4的出资比例共同分担,主要是对年龄达到55岁或60岁以上的老人实施。湖北省也有同样的政策,如武汉市的黄陂村,每人每年发放800元的基本生活补助费;宜都市,每人每月发放90元的基本养老生活补助费。

六、投保商业保险

对失地农民的养老保险安排,通过投保商业保险来解决,典型的有浙江义乌和重庆。义乌在全国首创了失地农民养老保险,村集体按照市政府规定将征地补偿费和安置补助费的40%向保险公司投保养老保险。[①] 保险公司根据当地实际情况,为失地农民设计并推出了新险种"团体年金分红保险",建立失地农民养老保险基金,由保险公司运作并到期发放养老金。所缴纳的保险费作为本金,归集体所有,由中国人寿保险公司对年满60岁(男)或者55岁(女)的失地农民支付养老金。保险公司保证2.5%的收益和投资收益70%以上的红利。

重庆模式与义乌的情况有所区别,并不是纯粹的商业保险,是在政府调控之下,保险公司经办、市场运作,政府承担部分经济责任。1992年起重庆的保险公司开办了失地农民养老保险,其规模占了全国商业保险经办同类业务的90%以上。针对规定年龄的劳动力(女40岁以上,男50岁以上)开

---

① 胡国富,杨雪萍.关于商业保险先行介入失地农民养老的几点思考[J].资料通讯,2003(10):5-7.

办了"农转非"的失地农民的储蓄性养老保险。国土资源部把农民所获得的征地赔偿款的全部或部分一次性交给经过招标中标的保险公司,由农民自愿地与保险公司签订五年期的保险合同,保险公司在被保险人达到一定年龄时,按照保险费作为本金的 10% 的利率每个月支付给被保险人。保险公司承担五年期的银行存本利息,不足部分的利差由当地政府补贴。^① 实际上就是把保险费的利息作为退养人员的年金收入,约每月 180 元,其 10% 利息由政府作支持。截至 2006 年年底,重庆市已有 16 个区县、12.84 万失地农民投保,积累本金 23.85 亿元。^② 这种办法具有减轻政府负担提高运作效率的优势。但是,这种模式的运用,只涵盖在 2007 年 12 月 31 前"农转非"的失地农民,从 2008 年 1 月 1 日以后的失地农民采取社会保险机构办理的方法。2008 年重庆市颁发了《2007 年 12 月 31 日以前被征地农转非人员基本养老保险试行办法和重庆市 2008 年 1 月 1 日以后新征地农转非人员基本养老保险试行办法》,新的失地农民不再实行储蓄性养老保险,由土地行政管理部门从土地补偿费和安置补助费中统一向社会保险机构缴纳基本养老保险费。

3.3.2 现行失地农民养老保险存在的不足

各省区失地农民养老保险政策的陆续颁布和实施,取得了良好的社会效果,为解除失地农民的后顾之忧起到一定的稳定作用。但是,由于多方面的原因,使得现行的养老保险制度存在许多不足。

一、以地方政策为主,缺乏统一的组织管理与监督

到目前为止,全国实施失地农民养老保险的省份有 27 个,覆盖 58 个地市。其中,有些省区由社会保障部门统一颁布文件、统一部署,各地市县根据实际情况,制定具体的措施落实。有些省市没有统一部署,直接由各地市、县组织管理,颁布政策并实施。于是,出现了各具地方特色的失地农民养老保险模式:上海模式、苏州模式、南京模式、上饶模式、义乌模式、重庆模式等等。从保障水平、保障范围、缴费方式到缴费基数和档次的选择,各地都存在很大的差异。主要是因为没有一个全国统一的针对失地农民养老保

---

① 秦士由.运用商业保险机制优化被征地农民养老保障运作模式[J].保险研究,2008(1):59-61.

② 叶晓玲.重庆市地农民养老保险制度模式分析[J].农村经济,2009(11):56-58.

险的政策,缺乏统一的组织管理和监督机制。其政策的公平合理性和实施效果取决于地方政府的行为。

二、保障水平偏低,地区差异性大,而且缺乏养老金调节机制

根据国办发([2006]29)号文件要求,失地农民的养老保险不应低于当地最低生活保障标准,并且考虑到失地农民的缴费能力问题,各地确定养老金水平的参照标准是地方最低生活保障水平。部分地市在此基础上设计多个缴费档次和相应的保障水平。其中最低缴费基数是当地平均工资的60%或者100%。由此,导致养老金总体水平偏低,甚至有的地区没有达到低保的标准。比如海南发放的养老金大部分只有低保水平的60%～80%,北京2007年失地农民养老金待遇标准不到当地城镇职工平均养老金水平的1/3。不仅如此,养老金水平地区差异也相当大。比如:长春215～400元,上海460元,厦门195～600元,南平80元,晋江260～318元,重庆200元,广东120～916元,西安220～300元,无锡229元。其中同一省区差异最大的是广东,796元;其次是厦门,405元。[①]

由于养老保险从缴费到被保险人死亡终止领取养老金的时间跨度大,为了缓解通胀的压力,保证被保险人生活水平和购买能力不至于下降或者下降太快,分享社会进步和经济发展的成果,养老保险计划的设计都有一个养老金调节机制。然而,从各地失地农民养老保险的实施方案看,大部分没有明确规定一个养老金的调节机制,只是一种笼统的政策性规定,缺乏科学合理的精算与具体的指标体系。养老金待遇的调整没有结合经济发展的各项指标,一般是按照社会平均工资的浮动或者根据当地居民最低生活保障水平的提高适当调整,存在很大的随意性与盲目性,容易造成失地农民权益的损失。

三、保险基金筹集渠道不畅通,严重影响养老保险的可持续性

现行的失地农民养老保险的缴费方式大部分采取一次性缴清的方式,从缴费主体的承担来看,除上海实施"统包式"(失地农民所需缴纳的保险费全部由征地单位或者政府承担,个人无须承担费用)外,其他地市县都采取部分自助缴费式缴费,由政府、集体和个人三方共同负担。尽管各自出资比例不同,而且政府出资有两种方式:一是先由个人和集体缴费,政府承担最

---

① 冼青华.论商业型的失地农民养老保险模式——以福建省为例[J].学术论坛,2011(5):135-139.

后养老金入不敷出的后期责任;二是政府与集体和个人同时缴费。但无论哪一种筹资方式,都不同程度地存在基金筹集渠道不畅通的情况。首先体现为政府出资的问题。就各地方政府对个人缴费补助的实际情况看,仍存在资金不到位、没有及时到账的问题。比如福建省 2009 年,全省的政府出资部分按时缴费的只有 76.2%。其次是集体出资部分。一般规定集体缴纳部分在土地补偿费、集体积累和其他集体收入中列支。但是有些村集体的资金使用缺乏监控,管理混乱,有可能导致集体资产的流失,无法缴纳保险费。有些中西部地区的地方财政出资比例较低,集体和个人的负担较重,村集体的经济基础差,拖欠保险费。甚至在不少地方个人的出资部分也无法完成。这样,整个养老基金的筹集渠道不畅通,财务机制受到严重影响,危及制度的可持续性。

4. 中国失地农民多层次养老保险体系的框架设计

多层次养老保险模式在发达国家引起重视，主要根源在于，其一，福利国家的危机、各国日益增大的养老保险费用支出、人口老龄化的压力及国家承担过多责任的原有制度存在的种种弊端。其二，政府提供的基本养老保险不能同时完成收入再分配、保险和储蓄的三大功能。1994 年世界银行在《防止老龄危机：保护老年人及促进增长的政策》报告中提出了三层次养老保险模式。

在三层次养老保险体系中，第一层次国家基本养老保险计划的作用在于为社会成员提供最基本的退休收入、体现国家的社会政策目标和固有的收入再分配特征。第二层次养老金计划通常是在政府的鼓励下，发挥重要的补充作用，兼顾体现一定的社会政策目标，但主要考虑计划自身的稳定与效率。第三层次养老保险通过建立个人养老保险计划和发展商业人寿保险以便为高收入阶层提供较高的退休收入和为社会公众提供更加灵活的经济保障机制。在此意义上，第二、第三层次的养老保险计划逐渐被纳入国家总体养老保险计划之中，并得到广泛的关注。对众多发展中国家以及经济转轨国家而言，多层次的养老保险模式对于解决当前面临的养老保险制度危机具有重大的现实意义。

我国也进行了多层次养老保险改革的探索，主要是针对城镇职工养老保险制度进行的参照的是 20 世纪 90 年代以来，世界银行、国际货币基金组织的专家在总结一些国家多层次的养老保险模式改革的基础上，提出通过五个层次构建新的养老保险体系。其主要目的是防止老年贫困的同时，利用国家组织和管理的基本养老保险与商业保险相结合为老年人提供不同需求层次的、涵盖面广的养老保险体系。同样地，针对失地农民这一收入不稳定、就业情况复杂的特殊群体，提供一个富有弹性的多层次的养老保险体系是明智的选择。《防止老龄化危机》(1994)指出多层次存在的理由是，"制度设计的中心问题就是对养老保险计划的收入再分配、储蓄及保险三项功能，以及政府在履行这些职能中的作用进行权衡"①。

4.1 构建中国特色的失地农民多层次养老保险体系的必要性

多层次的养老保险体系是国家根据不同的经济保障目标，结合多种养老保险为老年人提供风险保障的制度。该体系在二战后的一些经济发达国家形成，并在 80 年代受到普遍的重视和推广。最早提出三层次社会保险体系思路的是 1942 年的《贝弗里奇报告》。20 世纪 90 年代以来，世界银行、国际货币基金组织等在总结了典型的瑞士、美国等一些国家的多层次养老保险制度改革经验的基础上，分别提出了构建多层次养老保险体系的建议。无论发达国家还是发展中国家都根据自己的具体情况，进行多层次养老保险体系的改革。为了解决国家财政负担过重和应对人口老龄化，这是不可逆转的发展趋势。其目标是，减少老年贫困，拉平一生中的消费与支出分布，维护社会公平和制度弹性，兼顾公平与效率，更有效地处置养老保险制度面临的经济、政治和人口老龄化风险。

1991 年国务院颁布《国务院关于企业职工养老保险制度改革的决定》，确定了多层次社会保险制度的思路，②我国开始了多层次养老保险体系的实践和探索。我国六中全会提出，到 2020 年基本建立覆盖城乡居民的社会保险制度，让人人享有社会保障。针对失地农民的特殊性，对原有的失地农民基本养老保险制度进行完善，结合部分失地农民投保其他群体养老保险的基础上，建立多层次的失地农民养老保险体系，正是符合我国养老保险体系改革和扩大城乡居民养老保险范围的要求。

---

① 世界银行.防止老龄危机：保护老年人及促进增长的政策[M].劳动部社会保险研究所，译.北京：中国财政经济出版社，1997：149.

② 1991 年 6 月 26 日，由国务院颁布《国务院关于企业职工养老保险制度改革的决定》（国发[1991]33 号）提出，"随着经济的发展，逐步建立起基本养老保险与企业补充养老保险和职工个人储蓄性养老保险相结合的制度，改变养老保险完全由国家、企业包下来的办法，实行国家、企业、个人三方共同负担"。

4.1.1 失地农民养老保险的特殊性

如上一章所述,失地农民养老问题存在特殊性,决定了其养老保险也具有特殊性。失地农民养老保险政策从2004年开始实施以来,将近10年了,与其他社会群体的养老保险制度相比较,失地农民养老保险在制度模式、投保方式和融资机制等方面存在较大的差异。

一、养老保险制度模式多样化

失地农民养老保险制度建设,全国各地以地方政府为主导,没有制定统一的制度,所以,存在多种的制度模式。包括独立的失地农民养老保险制度、纳入城镇居民或者城镇职工养老保险、纳入农村养老保险、纳入小城镇养老保险、建立基本生活保障制度和商业养老保险等6种模式。自从2009年全国试行新型农村养老保险制度和2011年实施城镇居民养老保险以来,部分省市又出台新政策,允许失地农民根据个人投保意愿,可以在新型农村养老保险、城镇居民养老保险、城镇职工养老保险和失地农民养老保险之间选择投保。这样,在全国,所有的养老保险制度都有可能覆盖了失地农民这个群体。

二、投保方式没有明确规定

在失地农民养老保险政策的实施当中,没有明确规定投保方式。大部分省市采取自愿投保原则,只有少数地区强制投保。对于老年和中年的失地农民,即40岁(女)或者45岁(男)以上的失地农民,一般都强制投保;16～40岁(女)或者45岁(男)的失地农民,规定可以自由选择投保;16岁以下的失地农民,不要求投保。同时,不同年龄的群体缴费依据和保障水平都有区别。在这种可以选择投保的情况下,可能会有相当部分的失地农民没有投保,他们就无法获得养老保险的保障。

三、融资机制特殊

失地农民养老保险融资机制的特殊性体现为资金来源的多渠道和融资手段的多样化。由于各地失地农民所在的地区存在经济条件的差异,失地农民养老保险融资机制比较复杂。我国的城镇职工养老保险的保险费来源主要是企业和职工个人缴费,新型农村养老保险和城镇居民养老保险的保险费来源是政府和个人缴费。而失地农民养老保险资金的来源有多种渠道:全部由政府投入、政府和个人、集体和个人、政府与集体及个人、政府与集体及个人和用地单位等。说明了失地农民养老保险的资金来源广泛,这是因为失地农民土地被征用后获得一定的征地补偿以及农民失地后政府给予土地养老保障的一种替代。失地农民养老保险融资手段可以采取一次性缴纳和分期缴纳,而且缴费的标准各地也有很大的差异。

4.1.2 政府职责的体现

土地是农民的衣食之源、生存之本,拥有土地是农民与其他社会群体区别的重要特征。农民如果拥有稳定的土地使用权,就会获得来自于土地的最基本、最稳定的收入,成为家庭生活最基本的保障,也是最后一道生活安全保障。然而,在我国的土地征用制度下,征用土地是一种政府行为,具有高度的强制性。与国外失地农民的主动失地相比,我国的农民是被动失地。从这种被动失地的过程和结果来看,失地农民的社会保障始终处于政府的保障主体缺失的状态,同时,失地农民的养老权益受到严重的侵害。因此,解决失地农民的养老保险问题,比其他农民群体更为需要依赖社会养老保险。根据我国的具体情况,市场经济体制改革不断深入,政府逐渐转变职能,慢慢淡出直接的经济建设领域,转而承担起社会保障等市场经济不可缺少的制度建设职能。根据养老保险的目标定位是以需要为依据,即把政府福利资源分配给最需要的个人,所以,为失地农民建立多层次的养老保险体系是政府责任的体现。

一、提供养老保险是政府的职责

众所周知,土地是农民最稳定的收入来源,同时还承载着农民基本生活保障,特别是养老保障功能。失地农民养老保险的真空显示出失地农民权益保障的严重缺失。在失去土地之前,即使没有养老保险,农民也有土地保障以及附属于土地功能的家庭养老保障,不会出现严重的养老风险,农民也没有迫切的养老保障需求。失去土地后,土地的保障功能以及其附属权利顿时消失,失地农民从就业、身份、居住到生活方式,都经历了从农村到城市的转变,按理应该享受城市居民的一切福利和公共服务。失地农民进入城市后,具备了纳入城市社会保险的基本条件,但是,由于我国长期的城乡二元结构,比较成熟的社会养老保险体系只有城镇职工和机关事业单位的保障制度,农民和一般的城镇居民和灵活就业人员的养老保险制度起步较晚,失地农民除了在正规的企事业单位就业的人员外,只能享受低水平的养老保险。这是城市化带来的后果,自始至终,政府在失地农民的养老保障方面是缺位的。相反,发达国家的城市化和工业化过程也是失地农民城市化的过程,没有出现失地农民养老权益缺失的现象。因为发达国家在城市化进程中,要么是城乡协调发展的过程,失地农民的养老保险城乡全覆盖,没有出现养老保险的真空,比如日本和德国;要么是失地农民进城后同时享受城市居民的一切公共服务和纳入城市社会保险体系,即失地农民进入城市没有任何壁垒,如美国和英国等。

我国失地农民问题的产生,属于市场经济的体制改革中出现的问题。由于市场化的深入,失地农民的就业问题采取市场化的手段,使得失地农民所掌握的劳动技能与非农就业的劳动技能需求不一致,造成就业困难,从而没有稳定的非农收入来源,与其他的城市居民和农民的收入差距越来越大,成为新的城市贫困群体。在拉美国家,通过政府提供养老保险,进行社会财富再分配,缩小收入分配差距,实现社会公平和稳定,实现了养老保险市场化,政府也为贫困老年人口提供基本的养老保险,并且承担个人账户养老达到最低生活水平的担保责任。[①] 因此,从失地农民贫困化的趋势来看,通过政府养老保险促进收入的再分配,让基本养老保险成为城市低收入者基本的养老保障来源,减轻老年贫困,是政府的职责所在。

二、政府提供养老保险作为失地农民权益的一种保障

城市化的过程同时也是农业和农村用地转化为工业和城市用地的过程。农地非农化后,其使用的效率和经济效果远远超过农用阶段,在一定的范围内,其社会效果是帕累托改进的。在这个过程中,失去土地的农民不再是农民,他们牺牲最多,贡献最大,理应得到公平的赔偿和相关权益的保障。城市应该容纳因扩张而失地的农民,因为正是城市扩张而征收了农民的土地,改变了农民的职业,这是城市征地时应该承担的责任。[②] 然而,事实并非如此。由于目前的征地补偿标准低,忽略了失地农民由于土地变更用途带来的增值收益权利和土地作为一项财产的资本收益权利,少量的经济补偿保障不了失地农民的基本生活,更没有考虑到失地农民的老年生活保障问题。

另外,农民失去土地后,实际上也丧失了对未来的一种职业选择的权

---

① 孟庆平.养老保险市场化改革:国际经验与中国政策选择[D].济南:山东大学,2008.

② 王国军.社会保障:从二元到三维——中国城乡社会保障制度的比较与统筹[M].北京:对外经济贸易大学出版社,2005:288-291.

利。随着我国城市劳动力市场的不断开放,城乡劳动力可以自由流动,农民可以在劳动力市场状况较好时选择进入城市在第二或者第三产业就业,或者相反,在城市劳动力市场状况较差时,回到农村耕种土地。这时,拥有土地就具有一种可以预期的保障线,即选择就业的权利,在务农与非农之间的就业选择权,土地成为农民最基本的就业岗位。土地能为农民提供基本的生活保障,承担部分生活风险。甚至在非农就业失败后,土地也能够为他们提供一个"躲避风险的港湾"。一旦失去了土地,农民就失去了这种选择的权利,被迫进入非农产业寻求就业机会。这就无疑增加了失地农民的收入和生活风险。

在这种情况下,就需要政府提供一种制度安排,作为原有的土地功能的替代,以弥补失地农民在征地过程中所受侵害的征地补偿费收入、土地增值收益和土地作为财产权的丧失。

4.1.3 不同养老保险需求的满足

根据马斯洛的需要层次论,人人都有需要,较低层次的需要获得满足后,更高层次的需要才出现。生理上的需要是人们最原始、最基本的需要,安全需要比生理需要较高一级,当生理需要得到满足以后就要保障这种需要。失地农民这一群体,不断地扩大,而且由于失地后的职业、身份、收入和社会地位发生了变化,也呈现出阶层化的特征。比如年龄、受教育程度、接受新事物的态度、向市民的转变能力等各方面的不同,会导致失地农民群体内部的差异性。如果不能合理地满足失地农民各层次的养老需求,有可能导致老年贫困或者造成贫富分化加剧。所以对于不同层次的失地农民,应提供不同的养老保障,以满足不同的需求。多层次的养老保险体系由基本养老保险和补充养老保险构成,政府组织办理的社会保险只提供失地农民的基本保障,为了避免养懒汉和损失社会效率,政府只能提供基本的保障而不是高水平的充分保障。对于基本保障水平以上的部分风险保障需求,要借助社会的力量和市场的机制来满足,比如家庭、征地单位、社会各团体、民间组织和个人等,构成多层次的保险体系。

《贝弗里奇报告》指出:强制的社会保险只能解决人们的基本生活问题,满足最低的生活需求,规避一般的风险。而自愿保险可以在社会保险基础上增加一块待遇水平,达到超过基本生活需要的待遇水平。并且可以解决那些社会保险满足不了的风险防范和保障需求。① 对所有的失地农民提供基本的养老保险,辅以强制性的专业年金;然后根据各自的经济条件和投保意愿,补充商业性的养老保险。在这种多层次的养老保险体系之下,既满足了人们的养老需求,又有效地刺激了自我保障意识,促进商业保险的发展。商业保险与社会保险在保险标的与承担的风险领域上高度一致,具有良好的互补性,共同为失地农民提供多层次的养老风险保障。

4.1.4 风险共担的实现

《防止老龄危机》(1997)指出,多层次的养老保险体系,一是具有储蓄或工资替代功能,促使人们将青壮年收入的一部分延期到老年消费;二是提供基本收入以保障低收入群体的再分配功能和扶贫功能;三是保护老年人免受伤残、长寿、通胀和投资风险的伤害的保险功能。多层次各自有不同的优势,可以更好地满足各方的需求,既能够成为社会安全网,又能促进经济发展。国家的养老保险政策应该具有这三项功能。

一、单一的养老保险层次难以承担全部的养老风险

单一的养老保险层次主要是指单一的公共层次或者单一的企业年金或者单一的个人储蓄性养老保险。根据世界经验显示,任何单一的养老保险层次都是无法支撑的,难以承担全部的养老风险。首先,单一的公共层次,一般采用现收现付制,无法适应人口老龄化的情况,因为人口老龄化需要更高的费率,从而导致逃费行为严重,同时劳动力成本提高,增加了老年人的风险。养老保险是一项受益面广、耗资巨大的社会性事业,采取单一层次的方法,政府财政负担是任何国家都无法承受的。这个制度是低效的、不公平的。从社会保险产生与发展100多年的历史看,福利国家由于政府承担了过多的社会责任,提供高水平的福利,虽然在一定程度上实现了社会公平,调解了社会分配不公问题,但是,多年的事实说明,国家在第一层次承担过多的责任,将会导致社会保险制度陷入困境。② 其次,单一的企业年金可能会妨碍劳动力市场均衡功能的发挥。因为收入再分配是依赖雇主的意愿而

---

① 贝弗里奇报告[M].劳动和社会保障部社会保险研究所,译.北京:中国劳动社会保障出版社,2008:135.

② 乌通元.充分发挥商业保险在多层次的社会保障体系中的作用[J].上海保险,1994(8):17-20.

不是考虑社会目标进行的,无法保护那些劳动力市场经验有限的人们。最后,单一的个人储蓄养老保险,不能解决终生收入低、年老时收入显著下降的劳动者的贫困问题。失地农民的养老保险水平大多数只有社会平均工资的 15％～20％,按照国际劳工组织 1952 年《社会保险最低标准公约》,替代率至少要达到 40％。

二、多层次的养老保险能够有效地分散风险

多层次的养老保险体系符合我国社会保险的改革目标和方向。2011年 2 月在中国人民大学举行的中国社会保障改革与发展战略研讨会上,提出养老保险制度发展战略目标,是实现人人老有所养,最终建立起以缴费型国民养老保险制度为主体、可持续的多层次养老保险体系,实现人人享有体面的老年生活,切实维护老年人的自由、平等与尊严。① 在养老保险制度改革的过程中,政府越发清楚地意识到,政府有责任提供基本的养老保险,但包揽社会成员的一切风险是不可能的。因此,政府一直鼓励人们利用其他的方式解决养老风险问题。

多层次的养老保险也符合国际上社会保险改革的趋势,国家、企业、个人和家庭在解决养老保险问题上互相配合,共同分担风险。公共层次的养老保险体现了社会公平和互助共济的原则,主要目的是保证人们退休后的基本生活需求。当前,我国面临人口老龄化、经济发展水平低等问题,必须把公共层次的替代率降低,把一部分由基本养老保险提供的待遇转移到商业保险,以保证养老金总体待遇水平不下降。因为养老保险不仅仅是国家的责任,企业、家庭和个人也应该为养老做出适当的规划。养老保险制度由单一层次的制度向多层次的转变,其实质是调整养老保险体系的结构和不同层次养老金待遇水平的结构。

在失地农民这一群体,如果单纯依靠提高补偿费和利益分配机制来提高或者强调政府的责任,不太现实,只有充分利用政府、征地单位、集体组织、家庭和个人的资源,来分担风险,才能保证制度的财务稳定与健康运转。

多层次的养老保险体系,可以在保险基金的筹集上实现多渠道,即由国家、集体、个人共同出资;在待遇水平的提供上,由政府和市场共同决定;保险基金的投资主要通过市场运作,既能保证收益水平,又具有高效率,同时

---

① 鲁全.中国社会保障改革与发展战略项目研究成果及研讨会综述[J].经济学动态,2011(4):156-159.

通过严格的监管控制又可以保证资金的安全。这样可以避免风险过分集中,明确各风险承担主体的责任,减轻政府的财政负担,从根本上保证养老保险制度本身的可持续性。

4.1.5 商业保险优势的发挥

一、养老保险的改革为商业保险提供了拓展的空间

养老保险多层次改革的目的是增强个人的自我保障意识,减少对政府公共养老层次的过分依赖,以增加风险的承担主体,保证制度的可持续性。经过多年的探索,事实证明,该项改革提高了全民的人身风险意识和自我保障意识,增加了商业保险发展的自然基础,改善了商业保险发展的外部环境。由于商业保险与基本养老保险在一定程度上具有兼容性和互补性,养老保险坚持低水平保障,主张"优先效率,兼顾公平"的原则,避免了高福利导致国家财政中社会保险支出猛增,政府负担过重等福利病,给商业保险的发展提供了拓展的空间。[①] 商业保险最主要的特点是提供较高的保障水平,而且投保人可以灵活选择保障程度。如果想在退休后保持原有的生活水平,只靠社会养老保险是不够的,还需要商业保险提供更高水平的保障。

商业保险是市场行为,与社会保险是两种本质不同的制度。在法律的严格要求下,优先效率,利用市场进行风险的转移和管理,摒弃了政府包揽所有风险保障的陈旧观念,减轻政府压力,增加消费者更高的自由度来选择投保的种类与保障水平,节省了政府管理的成本,提高了效率。这种实证例子已经在美国和智利获得了成功。由商业保险介入失地农民养老保险体系,通过政府土地出让金、征地单位补偿、集体组织和农民个人出资作为养老保险基金来源,建立一个平衡有效的由社会保险和商业保险结合的养老保险体系,既体现了一种公平,又具有较高的资金运作能力,能最大限度地保证保险资金保值增值,发挥各自的优势,从而更好地为失地农民提供养老保险。

二、商业保险具有独特的优势

商业保险由于具有独特的优势,在社会保障体系中作为重要的组成部分,在不同的社会养老保险体系不同的层面,发挥着不同的效用。在基本的养老保险层面,商业保险可以参与日常的管理,提供技术和管理支持,实现

---

① 苏华,肖坤梅.掘金商业养老保险市场[J].上海经济,2008(4):50-51.

养老保险基金的保值增值,提高整个体系的管理效率。在补充性的养老保险层面,商业保险通过接受企业年金业务,开发团体养老保险业务,为企业提供专业化的管理和适当保障的一系列服务,承担养老保障体系的重要角色。在个人储蓄保险层次,商业保险可以提供更多的保险产品和更高的保障水平,弥补以上两个层次的不足,丰富和完善整个社会保障体系。[①]

商业保险参与失地农民养老保险业有一定的实践经验,比如重庆、浙江义乌、湖北宜陵和秭归等地,有些是信托性的,有些是保险制的,积累了宝贵的经验。信托模式主要是政府主导,设计具体的保险方案,包括承保对象、费率水平、保障待遇等,并负最后的财政责任。商业保险公司负责基金的运作、养老金的发放等具体工作。保险制的失地农民养老保险主要是保险公司根据失地农民的自我需求为导向,提供差异化的保险服务。保险公司在精算的基础上,开发适合失地农民不同需求的险种,并进行市场化经营,承担所有的经营风险。

同时,失地农民养老保险的资金来源绝大部分是征地补偿款,而且文件规定"先保后征",即政府及征地单位对失地农民的养老保险费用的补偿如果不落实的话,就不能征地。在经营管理方面,商业保险具有优势:在人员、技术、网络和服务资源方面,都是社会保险机构所无法相比的。保险公司根据以支定收原则经过精算,测算出缴费基数和缴费率,进行审慎的投资,保证投资收益与风险的匹配,最大限度地防范风险。尤其是中国保险市场开放后外资保险公司带来经营管理的理念、技术和服务的质量,被中资公司所吸收,有利于中资保险公司实现自身的跨越式发展。

4.1.6 非经济因素的考量

经济因素是影响失地农民多层次养老保险体系的主要方面。然而,政治、社会和文化等非经济因素也是相当重要的另一方面。

一、出于政治稳定的需要

英国中世纪产生的《济贫法》和友谊社被认为是正式的养老保险制度的起源。1601 年英国颁布《济贫法》的目的是针对当时英国经济衰退、严重的失业、饥荒和流行病等情况,通过提供一定水平的安全措施以防止暴乱的发

---

① 张建伟,胡隽.发展商业养老保险 构筑多层次农民养老保障体系[J].求实,2007 (6):53-55.

生。《济贫法》的实施,通过有限的转移支付与再分配,保证了贫民最基本的生活需求。同时,达到了统治者稳定社会秩序的目的。友谊社为社会成员提供一些层次略高的生活需求保障。然而,由政府管理的公共养老保险制度,于1889年在德国产生。19世纪后半期,德国统一后,工业化速度发展很快,随着产业工人队伍的空前壮大,在马克思和恩格斯思想的指导下,工人运动和社会主义运动高涨,给当时的俾斯麦政权造成了很大的压力。于是推行社会保险政策以安抚工人,公开宣称:社会保险是一种消除革命的投资,一个期待养老金的人是最安分守己的,也是最容易被统治的。于是在1889年建立了世界上第一个公共养老保险制度,其目的是要使那些低收入的工人变得更加依赖国家。

德国社会养老保险的产生说明了两个问题:第一,经济因素并不是养老保险制度产生的唯一原因,政治影响非常重要;第二,通过国家强制力干预市场经济,可以使养老保险成为政治稳定的一项公共政策。当前中国的情况是,在整个社会当中,失地农民问题非常突出,而且由于征地而导致的上访事件不断发生,成为影响政治的不稳定因素。解决失地农民养老保险问题已经非常紧迫。

二、社会和谐与稳定发展的需要

在诸多的失地农民安置办法当中,运用最广的是货币安置。由于货币安置补偿标准低,补偿分配机制不合理,导致失地农民最终获得的补偿很少,货币安置的社会效果比较差。一些中老年的失地农民利益得不到保障,因征地引起的社会矛盾日益尖锐,影响社会的和谐与稳定发展。据估计,征地纠纷问题占信访接待部门受理总量的70%左右。[1] 和谐社会要求建立合理的养老保险制度,在和谐社会中,人们可以通过正当途径满足自己的需求。失地农民是一个特殊的群体,解除其养老的后顾之忧,满足他们的不同需求,统筹运用各种社会资源,实行再分配,以缩小贫富差距,实现社会公平,是不容忽略的问题。同时,合理的养老保险制度可以起到稳定社会的作用。我国已经进入经济的高速增长期,不仅原来的社会阶级和阶层逐渐分化,而且各种社会矛盾日益暴露,对原有的稳定社会格局产生了巨大的冲击。失地农民因土地被征用变成没有生产资料的生产者,没有工作的无业

---

① 缪保爱.我国失地农民基本养老保险问题探析[J].淮南师范学院学报,2008(3):56-58.

游民,也是最容易形成社会不稳定的因素。2005 年发生在河北定州村的因征地纠纷引起的群体械斗事件,造成 6 人当场死亡、多人受伤的重大案件。①

4.2 构建失地农民多层次养老保险体系的可行性

构建中国失地农民多层次的养老保险体系不仅具有必要性,而且在理论和实务上都是可行的。各体系构成要素的条件基本具备,包括基本养老保险制度及运行条件、专业年金及个人储蓄养老保险的社会条件与技术条件、保险基金筹集的条件等。

4.2.1 基本养老保险制度及运行条件

失地农民基本养老保险制度及运行条件已经具备。独立的失地农民养老保险试行了十多年,在我国城镇职工养老保险制度的基础上,加上其他群体的养老保险覆盖范围逐步扩大,各种制度的运行状况正常。从资金筹集、投保方式、保险基金的管理与监督各环节都积累了丰富的经验,为失地农民多层次养老保险体系的第一层次提供了良好的基础条件和运行条件。不管失地农民选择投保哪一种基本养老保险,都有现成的制度模式,所以,其基本养老保险制度及运行等方面都具备良好的条件。

4.2.2 专业年金及个人储蓄养老保险的社会条件及技术条件

失地农民养老保险体系中的第二和第三层次,包括专业年金和个人储蓄养老保险,其所需要的社会条件和技术条件也已基本具备。首先是人寿保险市场发展良好,经营稳定,截至 2017 年年底,全国有中资人寿保险公司 63 家、外资人寿保险公司 28 家。截至 2017 年年底,企业年金受托机构 10 家,受托管理资产 75 017 270.41 万元,养老保险及其他委托管理资产

---

① 王国军.社会保障:从二元到三维——中国城乡社会保障制度的比较与统筹[M].北京:对外经济贸易大学出版社,2005:309-310.

81 999 599.71万元。[①] 其次是商业保险公司提供了丰富的团体年金和个人年金产品。团体年金所需的三个要素包括缴费能力、投保意愿和组织者都具备了。征地单位作为专业年金的缴费者,有足够的缴费能力,而且相关文件规定,失地农民的养老保险资金若未落实,就不得征地。当地政府作为专业年金的组织者,愿意为失地农民履行政府的职责,因为失地农民的集体组织结构松散,没有一个明确的团体或者组织为其投保,各级政府是其直接的领导者,可以承担这个职责。关于投保意愿,只要征地单位与政府组织好,为失地农民提供个人不缴费的专业年金,失地农民会积极投保。根据调查,超过50%的城市居民都认为在基本养老保险的基础上需要投保商业性的养老保险作为补充。况且现在的团体年金不断创新,由传统的养老保障向保障与投资分红兼具转变,使保单持有人获得更高的利益回报,体现了更好的发展前景。在个人年金的发展方面,中国银保监会2018年5月1日发布了银保监发[2018]23号《关于印发〈个人税收递延型商业养老保险业务管理暂行办法〉的通知》,鼓励保险公司开展税延养老保险业务,截至2018年年底,全国经营个人税收递延型商业养老保险业务的保险公司有中国人寿、太平洋寿险等20家,在上海、福建、苏州工业园区试点。商业保险公司也推出多类产品,如上海等多个城市开发变额年金保险产品等。这样,失地农民的个人储蓄养老保险将有更多的选择余地,投保积极性得以发挥。

4.2.3 保险基金筹集的条件

养老保险基金的筹集问题,也就是财务的可支付性,是养老保险制度建立与持续运行的关键。失地农民养老保险基金的筹集具有特殊性,因为农民土地被征用涉及多方主体,故失地农民养老保险基金的资金来源比较广泛,主要有政府、用地单位、农村集体经济组织、失地农民个人。

一是政府的支付能力。土地转为非农用后,增值收益巨大,政府可以从土地出让收入中安排一定比例投入失地农民养老保险基金。

二是用地单位的支付能力。除了国家出于公共利益征用土地外,其他的用地单位征用土地,一般用于经济开发,获得收益是其征用土地的目的。所有用于开发和利用的费用列入成本支出,包括缴纳征用土地上失地农民的社会保险费。2010年7月9日国土资源部发出《关于进一步做好征地管

---

① 根据中国保险监督管理委员会2017年统计资料。

理工作的通知》规定失地农民补充社会保险的费用"谁征用,谁负担"。

三是农村集体经济组织的支付能力。集体的积累基金或者土地补偿费用中的一定比例,用于缴纳失地农民养老保险费是完全合理的。因为土地补偿费的较大部分归集体组织,同时,在土地交易当中,村集体充当了农民的代言人与征地单位商讨交易条件,在分享土地转让的利益中有重要地位,所以,农村集体经济组织作为土地交易主体获得较高收益并承担失地农民的养老保险费是可行的。

四是失地农民个人的缴费能力。由于我国的失地农民大多数属于被动失地,如果失地后还需要农民自筹养老保险费,是不太可能的,但可以从安置费和部分的征地补偿中扣除。

4.3 构建失地农民三层次的养老保险体系

4.3.1 构建三层次养老保险体系的目标与原则

构建中国失地农民多层次的养老保险体系,必须在借鉴国际经验基础上,以体现中国特色为前提。由于失地农民群体身份复杂、从业范围广、年龄跨度大等特点,构建三层次的养老保险体系(见表4-1),把16岁以上的失地农民都纳入保障范围,既可以涵盖所有不同职业的失地农民,又方便于将来与城镇居民养老保险和城镇职工养老保险相衔接。三层次的养老保险体系包括第一层次强制性的基本养老保险,第二层次强制性的专业年金即补充养老保险,第三层次个人自愿性储蓄养老保险。

表 4-1 中国失地农民多层次养老保险体系框架结构

层 次	实施方式	保险费来源	运行模式	目 的
一 基本养老保险	强制	国家、集体、个人	统账结合	基本的养老保险
二 专业性年金保险	强制	用地单位	基金积累的 个人账户	对基本养老 保险的补充
三 个人储蓄养老保险	自愿	个人	基金积累的 个人账户	更高水平的 保障

资料来源:作者根据多层次的失地农民养老保险体系设计的框架整理形成。

之所以为失地农民建立三层次的养老保险体系,是要实现如下目标:一是提供有既定保障水平、能够负担的、可持续,并且能够为退休者提供稳定收入的保障制度。要实现这一目标,养老保险体系就必须体现防止老年人陷入贫困的情况,有效地激励人们和谐消费、合理支配不同生命周期的生活安排,具有稳定的财务基础,不容易受到经济、人口变化和政治等多方面的巨大冲击,具有较强的控制运行成本和预测、调节能力,合理利用社会经济资源,并力求达到效率最优。二是尽量减少养老保险制度潜在的消极影响,创造积极的发展格局,有力地促进国民储蓄的增加和金融市场的成熟与繁荣,为调节劳动力市场和宏观经济的稳定起到积极的作用。[①]

根据失地农民养老风险显性化的特殊性,应坚持"广覆盖、有弹性、能转移、可持续"的原则,为他们的养老作一种可以与新城乡居民养老保险和城镇职工养老保险相衔接的制度安排。只要能得到基本的养老保险保障,辅以适当的补充养老保险,就能够为失地农民提供有弹性的养老保险保障。

4.3.2 第一层次:强制性的基本养老保险

这一层次相当于城镇职工的基本养老保险,采取统账结合的模式。统筹部分是由国家举办的以收入再分配为特征的养老保险,强调社会公平原则,为失地农民提供基本收入保障,有助于克服通货膨胀和难以预测的收入波动风险,保障失地农民实现基本的退休经济保障目标。个人账户部分纳入国家举办的以强制储蓄为特征的养老保险计划,强调和鼓励失地农民自我保障意识,在劳动期间为日后的退休经济保障提供资金积累和准备,为处置失地农民面临的长期不确定收入风险提供保险保障。通过这一层次的保障,符合"人人享有基本生活保障"的目标,防止老年贫困。

强制性的基本养老保险是许多国家养老保险政策目标所必需的,尤其对终生贫困人员、非政府部门和非正规部门的员工。构建基本收入的保障层次,以减轻老年贫困,应该是任何完备的退休制度的重要组成部分。这一层次也是整个养老保险体系的核心部分,可称为公共年金。公共年金提供的基本养老保险是最主要的,因为它具有再分配功能,通过公共年金,把社会中不同代际之间以及同代人之间的个体养老保险利益联在一起,减少不

---

① 林义.21世纪养老保险改革展望[J].经济社会体制比较,2006(3):47-54.

同群体之间的摩擦力。[①] 从我国失地农民的情况分析,失地补偿具有经济基础,可以建立强制性的基本养老保险为核心的体系,从而找到城乡一体化的养老保险体系的切合点。

一、实施强制性基本养老保险的原因

(一)强制性体现社会养老保险的基本特征

第一,社会保险具有强制性。即通过国家立法,规定属于覆盖范围内的社会成员,必须无条件地参加社会保险并按要求缴纳保险费,没有任何选择的余地。《中华人民共和国社会保险法》第二章第十条对基本养老保险作了具体的规定,失地农民必须参加社会养老保险。[②]

第二,市场经济的客观要求。失地农民由于土地被征用,被迫与土地分离。直接的后果是土地资本与人力资本的分离,市场经济条件下,失地农民的就业进入市场化。失地农民所持有的特殊人力资本在不同的行业和职业之间的产出具有极大的差异性,甚至很有可能没有找到合适的岗位而无法发挥作用。这样,在劳动力市场上,失地农民就像断了线的风筝,漂浮在城市的边缘,无所适从。同时,随着城市化的发展,由于失去土地,原有家庭的生产功能丧失,家庭的赡养功能逐渐削弱,失地农民的生活风险增加,个人风险和家庭风险逐步社会化,需要依靠国家和社会组织,帮助提供基本的经济保障。

第三,有利于减少逆选择。社会保险是利用保险方式处置劳动者面临特殊的社会风险的一种法定制度,同样适用保险经营的数理基础——大数法则,以有利于扩大覆盖面,提高各主体的负担能力,保证制度的财务稳定和正常运转。如果不采取强制性的方式,由其自愿投保,或者规定小范围的投保对象,就会有许多年轻人不投保养老保险,一旦他们遇到年老风险时,就有可能陷入贫困状态,需要政府救济。目前有不少省市的失地农民养老保险制规定年龄较大的失地农民投保,比如男 45~60 岁、女 40~55 岁等,其余的采取自愿投保的方式。这种做法,不符合保险的经营原则,保险经营

---

① 周熙.我国养老保险制度的再思考——基于社会资本的角度[J].山东经济,2007(4):28-31.

② 《中华人民共和国社会保险法》第九十六条规定:"征收农村集体所有的土地,应当足额安排被征地农民的社会保险费,按照国务院规定将被征地农民纳入相应的社会保险制度。"

失去了数理基础,风险的分散不充分,无法达到最大限度的互助共济,将极大地影响到制度的财务稳定与健康运行。

(二)国家主持的基本养老保险具有稳定、可靠的优点

国家主持的基本养老保险给付水平比较稳定,有利于达到保障基本生活的目的。这种制度通过对养老保险基金的统筹管理和调剂使用的方法,使不同收入的群体在退休后获得水平相差不大的养老金,有利于维护社会公平,有效地防止老年贫困。在当今家庭养老功能慢慢弱化的时代,国家提供的基本养老保险符合传统的社会伦理。因为基本养老保险的一部分是社会统筹,社会统筹进行现收现付,它是不同代际之间的收入再分配,年轻一代为老一代支付养老金。这种代际赡养类似于一种非正式制度的延续,使原有的家庭赡养关系在养老风险社会化以后得以转化和规模放大,有助于形成和保持一种互助共济、社会和谐的道德规范。

二、社会统筹与个人账户相结合的模式

养老保险采用不同的运行模式,相对应的有不同的筹资模式,也就体现了不同的国家政策目标。社会统筹的运行模式,相对应的是现收现付制的筹资模式,体现了劳动者代际收入转移和同代之间不同收入群体的收入再分配。财富从高收入群体向低收入群体倾斜,以实现社会公平,使退休者能够获得基本收入保障。但是,这种筹资模式不能应对人口老龄化的情况,过重的经济负担会引起在职劳动者的抵触情绪,产生或加剧代际之间的矛盾。个人账户的运行模式,相对应的是积累制的筹资模式,它强调了劳动者个人不同生命周期的收入再分配,体现了自我保障、自我积累的效率机制,有利于实现人口老龄化背景下对退休者的经济保障。但是,庞大的积累基金在动态的经济中,其保值增值存在较大的风险。

社会统筹与个人账户相结合的运行模式,吸收了现收现付制和积累制两种模式的长处:将对个人的激励机制和发挥统筹的互助共济有机地结合,可以避免采用单一模式带来的弊端。如果按照1994年世界银行提出的三大层次的建议,相当于把第一和第二层次结合起来,只是个人账户部分是集中管理而不是由私人管理。这一模式是在吸取法国、美国和德国传统的社会统筹、现收现付的经验的同时,结合智利和新加坡的个人账户和强制性的基金积累的制度特点,创新出的一种具有中国特色的折中模式。

(一)社会统筹与个人账户相结合的模式及其优点

这一模式符合了市场经济条件下收入再分配体现公平与效率的原则。

社会保险属于国民收入再分配范畴，在兼顾公平的基础上，同时促进效率的提高。既要保障基本生活，调节收入差距，维护公平分配；也要激励劳动者的劳动积极性，发展经济。所以，基本的养老保险采取社会统筹与个人账户相结合，实现了公平与效率的统一。这一模式最早运用于城镇职工养老保险，是我国在进行市场经济体制改革当中作为配套措施提出而且不断完善的。1993年中共十四届三中全会明确指出，城镇职工养老保险实行"单位和个人共同缴费，社会统筹和个人账户相结合"的模式。基本养老金由基础养老金和个人账户养老金组成。其中基础养老金相当于统筹地区上年度职工月平均工资的20%～25%，个人账户养老金取决于积累的规模和投资收益。社会统筹对统筹地区各类企业和劳动者统一标准、统一管理和统一调剂使用保险基金。个人账户部分，按照个人工资的8%每月缴费，工资越高，积累的基金越多，退休时享受的养老金就越高。统账结合的给付结构，就相当于在统筹地区内享受均一水平的养老金，再加上个人账户积累的部分。

统账结合的模式与其他单一的模式相比较，具有独特的优势：首先，统筹部分发挥了公平作用，按照社会保险的互助共济原则，在收入高低和寿命长短之间统筹分配，保证退休者的基本生活水平，解除他们的后顾之忧。其次，在公平基础上，兼顾了效率，具有较强的激励作用。个人账户缴费金额与个人工资收入直接相关，缴纳的保费多，账户积累的规模大，个人账户的养老金就多，退休后享受的待遇水平相对就高。这种缴费与待遇相联系的模式，有利于调动劳动者的工作和缴费的积极性，强化自我保障意识。[①] 再次，从财务机制的角度分析，统账结合模式实现了同一时点的横向平衡，即代际之间的转移和收入再分配，在个人不同的生命周期实现均衡消费，劳动者年轻时为老年收入减少或者没有收入来源时进行积累，以保证基本的生活水平，平滑了一生的消费，在一定程度上减轻了现收现付制支出的刚性，又能够利用基金制积累的资金应付人口老龄化危机，是较为适合我国实际情况的制度选择。

因此，统账结合的模式后来又推广到城镇居民养老保险和新型农村养老保险，部分的农民工养老保险和大部分的失地农民养老保险。

---

① 董克用，王燕.养老保险[M].北京：中国人民大学出版社，2000：196-197.

(二)有利于城乡养老保险制度的衔接

我国目前的养老保险制度呈多种制度并存的局面,按照国家社会保障的发展计划,要在 2020 年实现城乡一体化的目标,多种养老保险制度的衔接应该是未来发展的趋势。

以广东省为例,在全省范围内就形成了三种模式的失地农民养老保险制度。[①] 第一是以佛山为代表的完全统筹养老补贴模式。[②] 保险范围包括 16 岁以上的所有失地农民,费用由所在区、镇和村集体共同负担,农民不用承担缴费义务。到退休年龄,起步阶段每人可享受 120～300 元不等的补贴,以后还可以调整。第二是完全积累的个人账户养老保险模式。[③] 以珠海市为例,集体组织和区政府各按照个人缴费金额 15％的比例补贴,共同筹集资金,全部进入个人账户。第三是社会统筹与个人账户相结合的模式,也是广东省普遍推广的模式。东莞、中山、广州和深圳分别在 2000 年、2005 年、2006 年和 2003 年实施该模式,覆盖了 137.76 万失地农民,占了广东省失地农民投保人数的 146 万的 94.36％。以东莞市为典型,保险费由市、镇、村和个人共同承担,缴费基数是本市职工的最低工资的 11％,个人交 5％,市、镇、村按照 3∶3∶4 的比例承担 6％,并将 8％计入个人账户,这是一个小统筹、大账户的统账模式。失地农民到退休时保证每月至少有 300 元的退休金。从实施效果来考察,三种模式中统账结合的模式是最优的。

在失地农民基本养老保险这一层次中,实施社会统筹与个人账户相结合的模式。社会统筹部分包括基础养老金＋增发的地方性基础养老金,基础养老金由中央财政全额负担,这是与新农保和城镇居民养老保险相一致的,具体水平与当地城镇居民养老保险相同。增发的地方性基础养老金:按土地被征用项目的性质由省、市、县按一定的比例负担;省级重点项目由省负责 50％,市、县负担 50％,其他项目由市、县负担。个人账户部分由集体经济组织缴费和个人缴费组成。政府投入的资金来源是土地出让金或者财政补贴,体现政府对失地农民生活承担的公共责任。集体缴费的来源是土

---

① 黄智饶.广东失地农民社会养老保险制度模式研究[J].南方农村,2007(6):21-23.

② 2004 年 6 月佛山市为保障失地农民年老后的基本生活,颁布了《佛山市建立全征土地农村居民基本养老保险补贴制度的实施意见》,规定 16 周岁以上的土地全部被征用的农村居民,都可以享受。

③ 根据 2005 年《珠海市农民与被征地农民养老保险过渡办法》,对男性 16～59 岁和女性 19～54 岁的失地农民,每人缴费按每月 40～100 元,平均分为 4 个档次。

地补偿费和农村集体经济积累,个人缴费的来源是农民应得的一次性补偿安置费等。其中政府和集体的缴费各自占总缴费的 40%,个人缴费占20%。这样,在将来多种养老保险制度相衔接时,花费的成本会较少,也会比较顺利地实现衔接。

(三)失地农民容易接受

由于统筹部分是各级政府提供资金并集中管理,对于失地农民来说,有了政府承担的基本养老保险,心里会感觉踏实。同时,个人账户部分属于个人的资产权益,当被保险人在没有领取全额的个人账户积累的基金而去世时,可以作为遗产由其法定继承人继承。即明确这一笔资金的产权归属,不会因为时间的流逝或者其他因素的变化而受到侵害。这种做法符合农民的思维方式,农民容易理解和接受。

4.3.3 第二层次:强制性的专业年金

这是作为对第一层次的补充。世界银行提倡的三层次养老保险,包括第一层次由政府管理的强制性基本养老保险,第二层次强制性私人管理的养老保险和第三层次的自愿性养老。但目前世界上很少有国家按照世界银行提出的三层次模式建立本国的养老保险制度,主要区别是世界银行提出第二层次采取强制性的私人管理制度,但实际上许多国家采取自愿性的私人管理制度。只有法国、澳大利亚、瑞士、丹麦、波兰等五个国家基本上符合世界银行 1994 年提出的三层次模式。美国、德国等欧美国家大都实行自愿性的第二层次。而且在各层次的区分上也没有严格的界限,有些国家甚至接受了 2005 年世界银行五个层次的建议。

根据我国失地农民的实际情况,在第二层次实行强制的专业性年金出于这样的考虑:强制性的专业年金在体现政府责任的同时又分散了财务风险。

建立失地农民专业年金制度的构想,来自经济发达国家的专业农民年金制度,其作用相当于城镇职工养老保险的补充部分——职业年金。日本、丹麦、美国、加拿大等分别在 1971 年、1977 年、1990 年和 1991 年,为应对石油危机,减轻国家的社会保障负担过重的压力,提高农民的养老金水平,在公共年金的基础上建立了专业的农民年金制度作为补充。农民年金制度与城镇职工的职业年金相对应,越来越受到经济发达国家的关注,也逐步成为经济发达国家农村养老保障体系的一个重要层次。

城镇职工的职业年金主要是由企业组织办理的,企业和个人分担保险费,政府不进行任何财政补贴,往往通过提供税收优惠政策来支持和鼓励企业办理职业年金。但在农村,农民没有严密的组织,靠农民自己很难建立起职业年金制度。在经济发达国家,农民年金制度大部分都是靠政府组织经办的。政府在一定程度上充当了企业年金中的雇主角色,并提供一定的财政补贴。[①]

借鉴国外的专业农民年金制度的经验,对我国失地农民建立第二层次强制性的专业年金,是可行的。首先,政府作为征地主体,有能力也有责任帮助失地农民解决养老保险问题,承担起组织者和保险费征缴者的工作。年金制度的资金来源,由用地单位一次性在征地前缴清。不缴费者,不予批准购买土地。因为专业性的年金作为基本养老保险的补充,基本养老保险的水平很低,如果不采取强制性投保,征地单位有可能逃避责任,失地农民单纯依靠基本的养老金水平不足,将来就会面临极大的老年经济风险,陷入贫困的状况。有些国家在实施多层次的养老保险改革中,把私人管理的第二层次由自愿性逐步变成半强制性最后变成强制性,如英国,取得了良好的效果。其次,在日本,主要针对类似于失地农民身份的人提供的专业年金取得了成功。日本是农民年金模式的典型,农民年金保障的对象是享受公共年金制度的农民,针对农地经营权转让及老龄补充支付年金。其目的除了保障农民的老年生活外,还可以促进农地经营权的转让,稳定老年农民的收入来源,促进城乡协调发展,为当时的城市化起积极的推动作用。所以,在我国实施失地农民强制性的专业年金制度,既体现了政府的责任,又分散了财务风险。

4.3.4 第三层次:个人自愿性储蓄养老保险

个人储蓄养老日益受到重视。2008 年,中国经济景气监测中心与中央电视台"中国财经报道"栏目,对北京、上海和广州的居民进行了专题调查,了解城市居民购买商业养老保险的态度。有 63% 的人认为在基本养老保险之外必须购买商业养老保险,而且 40% 的人已经投保。[②] 在失地农民多

---

① 丁少群.工业化国家"三柱式"农村养老保障体系及其评价[J].世界农业,2004 (6):20-23.

② 苏华,肖坤梅.掘金商业养老保险市场[J].上海经济,2008(4):50-51.

层次的养老保险体系中,由商业保险参与其中,一是可以有效分散风险;二是国家、征地单位、集体和个人共同承担养老责任,改变国家大包大揽的局面,有利于扩大覆盖面;三是具有很强的灵活性,有利于满足不同收入层次人群的需求;四是有利于促进商业保险市场的发展。

失地农民多层次养老保险体系中对第二、第三层次的设计,包括强制性的专业年金和个人储蓄保险。专业年金可以采取缴费确定制,预先确定缴费比例,按照该比例缴费形成保险基金,全部进入个人账户。在失地农民达到领取年龄时,以个人账户中基金总额作为养老金,可以一次性领取、分期领取或按年或月领取,具体由被保险人选择。这种专业年金类似于职业年金,鉴于我国的职业年金一般交由专业的养老保险公司或者商业人寿保险经办的情况,专业年金的经营也应该与职业年金一样,由市场来运作。这样既有利于发展和壮大商业保险,也减少政府的管理成本和避免出现腐败现象,从而保证专业年金制度的安全和稳定。至于个人储蓄养老计划,毋庸置疑,纯属市场的行为,采取自愿投保方式,为高收入的失地农民提供更高水平的保险保障。

4.4 明确养老保险体系各层次中政府的职责与市场定位

构建多层次的失地农民养老保险体系,主要的目标是防止失地农民老无所养、持平一生中消费支出的分布、为寿命特别长的人提供养老生活保障以及为不同养老需求的人提供水平不同的养老保障。养老保险体系的设计应在维护社会公平和制度结构弹性的基础上,实现公平与效率的平衡。在多层次的失地农民养老保险体系中,确定政府的职责和市场定位,就是明确界定在养老保险中政府和市场的作用范围,在提高政府保障效率、维护社会公平的基础上,充分发挥市场在公共产品提供方面的积极性。[①] 完全依赖市场或者完全依赖政府都不可取。社会保险的产生,就是政府干预保险市场的结果。

如果完全依赖市场会容易产生老年贫困。中国在 2009 年实施新型农

---

① 孙静.多支柱养老社会保障的责任分担机制研究[J].财政研究,2005(7):48-50.

村养老保险以前,政府在农村养老保险体系中长期的责任缺失,因而造成农村养老保险制度的不可持续和无法起到基本的养老保险作用,几乎是完全依靠以土地保障为基础的家庭养老、少数的社区养老和零星的商业养老保险。相反,完全依赖政府也会有许多消极作用。在养老保险问题上政府很可能会干预过多,超出弥补市场失灵所需要的力度,从而损害市场的效率,甚至可能出现政府失灵的情况。尤其是政府与市场的活动边界本来就不是清晰的,而且政府在干预社会经济活动时有一种逐渐扩大活动范围的趋势。这样,完全由政府解决养老问题很有可能导致政府养老社会保险的规模无限扩大,从而损害市场经济效率。因此,必须合理配置养老保险项目,调整政府作用范围,政府承担的职责要与经济发展水平相适应,提高整个体系的筹资能力和资金使用效率。政府应主要负责财政支持项目,承担政府保障项目的兜底责任,逐步退出竞争性领域,将企业保障项目和个人保障项目的管理职能让渡给市场。

4.4.1 政府职责

在失地农民对未来养老途径预期的调查中显示,对于未来养老方式的选择,51%的被访者选择了参加政府的养老保险。失地农民为城市化进程做出了贡献,政府应该给予他们养老保险。可见政府在失地农民养老保险问题上应该承担无限责任。这种责任主要体现在两方面:一是政府有责任建立和颁布失地农民养老保险制度,从机制上对失地农民老年生活提供相应的保证;二是在政府制定的失地农民养老保险制度中,政府应当承担相应的出资责任。

一、明确各项目的责任主体及其承担的风险

政府在失地农民养老保险体系中的首要职责是根据失地农民情况,结合国家财政实力,设计稳定有效的制度,明确各保障项目的责任主体及其承担的风险,并依法锁定。

在三层次的失地农民养老保险体系中,第一层次是国家行为,即为失地农民提供基本保障是国家的责任,并采取强制实施的方式,将全部劳动年龄的失地农民纳入基本养老保险制度内。政府对第一层次的基础养老金和地方性增发养老金全额出资,承担资金筹集和管理的责任及基础养老金不足时的补充责任。政府对第二层次的专业性年金进行组织,由于失地农民的特殊性,没有严密的组织,政府代替了企业行为完成组织和投保工作,并为第二、三层次的运行积极地制定市场运行规则,调动各主体的积极性,为第一层次的个人账户养老保险基金和第二、三层次的市场化运作创造良好的政策环境。

个人账户的养老金是一项强制失地农民个人缴费,国家给予税收优惠政策,与社会统筹一起,保证退休人员基本生活水平的保障项目。失地农民专业性的年金是由政府组织,用地单位缴费强制实施的,并实行市场化管理的养老保险项目。基本养老保险制度中,个人账户不能向社会统筹账户透支,社会统筹账户也不能向个人账户透支。社会统筹资金缺口通过中央和地方财政补助;个人账户实行基金自我平衡,实施统账结合,分账管理。通过政府引导和扶持,激发各责任主体的积极性。对基本养老保险层次,明确政府投入比例,在确定的保障水平下,尽量降低农民的出资比例,尽量不需要其自筹资金投保。对专业年金和个人储蓄养老保险,国家通过税收优惠政策和完善的监管制度,调动用地单位和失地农民个人投保积极性。

二、财政保障职责

政府的财政责任是基本养老保险制度的核心问题。各地在实施失地农民养老保险的实践中,地方财政的投入逐步增加,保证了养老保险基金的来源。然而,在具体的出资比例和承担金额上各地差距很大。根据基本养老保险筹资"国家、集体、个人"分担的原则,国家出资比例从 20％～70％不等,个人出资比例 20％～65％,集体出资比例一般 20％～40％。[①] 从保障失地农民的权益出发,将更多的土地转让收益转化为农民的权益,实施政府出资进入社会统筹,集体和个人出资计入个人账户的统账结合运行模式。综合考察各地的经验,本研究认为政府、集体和个人的出资比例分别为40：40：20 比较合理。根据 2003 年福建省失地农民的投保意愿,在政府和集体负担 55％的比例的保险费基础上,失地农民投保率很高,即使没有集体补助,也有 38.9％的人愿意投保。[②] 如果提高政府、集体的出资比例,更加可以激发他们的投保积极性。

---

① 卢海元.被征地农民社会保障工作的基本情况与政策取向[J].社会保障研究,2009(1):10-20.

② 周延,姚晓黎.政府在失地农民养老保险中责任和义务的缺失与完善[J].农村观察,2006(2):40-48.

4.4.2 市场定位

在养老保险体系中,政府职能与市场机制相结合,在不同的层次里,市场的定位是不同的。基本养老保险的属性是属于政府职能,主要体现社会公平。但是也需要引入市场机制,个人账户安排直接通过利益的驱动,转化为人们的动机和行动,达到社会保险的目的。商业保险的属性是市场机制,其本身就是利益驱动机制,政府职能是在一定意义上为弥补市场经济中利益驱动的不足。政府职能与市场机制有机结合,才能实现公平与效率的统一。因此,在基本养老保险层次,以政府职能为主,市场机制为辅。在补充性的商业保险层次,要以市场机制为主,政府职能为辅。

利用专业机构提供公共服务是发达国家政府管理社会的有效方式。自从党的十七大提出建设和谐社会的伟大任务以来,对政府强化公共服务提出了更高的要求。要改变我国长期受计划经济的影响所形成的"一揽子"行政管理方式,需要注重协调运用经济和行政手段,实现向公共服务型政府职能的转变。商业保险由于其商业特性,在人员、技术、网络、服务资源上相对于政府型的社会保障行为具有先天性的优势。在多层次的养老保险体系中,商业保险可以在精算、长期资产负债管理、风险管控、面向个人和团体的营销能力、客户服务等方面,利用其优势,发挥重要的作用。利用商业保险专业优势提高社会保险运作效率和质量,降低运行成本,可以有效防范和避免政府管理社保工作中的低效率与管理混乱。利用商业保险,依靠市场化手段,使商业保险具备辅助政府管理社会、完善社会保障内在运行机制的有利条件,有利于降低政府直接经营养老保险财政投入的边际成本。

根据国际的经验,俄罗斯对企业和个人投保商业养老保险给予税收优惠政策。波兰在第二层次强制性的基金积累制养老保险市场上,商业型养老保险公司占据了领导地位,60%的市场份额被前四家保险公司占领。第三层次的自愿性补充养老保险得到税收政策的支持。英国和美国也是实施基本养老保险、私人补充养老保险和个人储蓄养老三层次的养老保险体系。美国的私人退休保险提供包括储蓄、债券、股票、基金等多种投资形式,具有保险和投资理财的双重功能,个人养老保险也可以享受税收优惠。[①]

---

① 陈文辉.建立多支柱的养老保障体系——俄罗斯、波兰的养老保障体系及其启示[J].中国金融,2008(8):13-15.

在我国失地农民养老保险体系中,市场的定位具体到各个层次有所差异。在基本养老保险的个人账户基金的管理与运用,进行市场化运作,保险公司运用其长期性资产负债管理方面的专长,在提高社会保险整体水平上发挥重要作用。在第二层次的专业性年金和第三层次个人储蓄养老保险领域里,养老保险公司是市场的领导者,可以在市场上发挥更大影响力。对商业保险公司而言,其本身就是多层次养老保险体系的重要组成部分,可以灵活、有效、便捷地满足不同人群的养老保障需求。商业保险公司可以提供品种齐全的保险保障,严格按照权利与义务对等的原则,使投保人的保障程度与其所缴纳保险费紧密相关,获得更高程度和更多样化的保险保障。由保险公司来运作个人账户、专业性年金和个人储蓄保险产品,可以成为政府管理社会的重要工具,在社会保险中,失地农民可以更加主动,有更多的选择,也便于养老保险关系的携带,以适应将来的经济发展和劳动力市场的流动性竞争。

商业保险公司的经营行为、偿付能力和公司治理等方面都接受中国保险监督管理委员会的监管,所以能够保证保险基金的安全和保值增值。保监会对保险公司进行科学、有效的监管。首先,保监会根据风险程度的高低对保险公司进行分类,有针对性地采取监管措施,以增强监管的针对性和有效性,坚持以防范风险为核心。重点选取风险敏感性强、风险预警效果好的偿付能力充足率指标、公司治理内控与合规风险指标、财务风险指标、资金运用风险指标和业务经营风险指标等五大类指标,将保险公司的风险状况分为四类,采取差异化的监管措施。其次,通过分类监管,对不同风险程度的保险公司区别对待,真正建立起市场化的优胜劣汰机制,促进整个保险业的健康发展。从保险公司的角度来说,保险公司"为了提高自己的竞争能力,更好地履行经济补偿和给付职能,增强公司抗风险能力,已经不再是被动地应付监管,而是积极地致力于加强和完善对自身偿付能力的管理"[①]。所以,商业保险公司在偿付能力、资产负债、公司治理、内部控制等方面的管理能力都在不断提高,完全有能力为失地农民的个人储蓄保险等提供良好的服务。

无论是个人账户、专业性的年金还是个人储蓄养老保险,这些积累制的

---

① 孙蓉,彭雪梅,胡秋明,等.中国保险业风险管理战略研究——基于金融混业经营的视角[M].北京:中国金融出版社,2006:254.

基金在老年人退休时都会转化为年金。终身年金可以转移被保险人的生存风险,体现的养老保险功能最突出,也是保险公司才能提供的产品。保险公司可以提供年金领取服务。

在这一领域里,政府的职责是加强立法和监督,规范市场运作和养老金的资产托管关系,对养老保险基金投资运营建立健全监管体系,以保障失地农民的合法权益。同时,政府要激发各责任主体的积极性。对专业性的年金提供税收优惠,以鼓励用地单位投保;对个人储蓄养老保险实施递延税收,以鼓励个人积极投保。台湾人寿保险的投保人可以减免个人所得税,根据台湾的“所得税法”规定,纳税人本人、配偶及直系亲属的人身保险费可从个人综合所得总额中扣除。

5. 中国失地农民多层次养老保险体系运行的对策建议

失地农民多层次的养老保险体系是一项复杂的工程,科学合理的养老保险体系,如果没有相应的保障措施,将会影响其运行的稳定,最终会危及整个体系的可持续性。为了这些保障措施的落实,本研究提出相关的对策建议,包括科学的筹资机制、保障水平的合理确定、多层次体系中各层次的协调发展、个人账户基金的管理以及商业保险市场的拓展。

5.1 建立科学的筹资机制

资金筹集是养老保险制度安全运行的基础,资金的来源必须稳定、畅通、可持续。鉴于失地农民失地后生活水平和收入的不稳定,应该采取多元化的筹资方式,政府、集体、个人和用地单位多方筹资,落实失地农民养老保险费的征缴,确保失地农民的老年风险保障。

实现筹资渠道的多元化,也是建立多层次养老保险体系的缘由之一,以分散风险承担主体,避免过分集中,保证养老保险制度运行的稳定性与可持续性。经过对全国失地农民安置办法的研究发现,主要是货币安置和社会保险安置。实施社会保险安置的资金来源一般有三个:政府、村集体和个人。上海市比较突出,因为采取"谁征地,谁安置"的原则,安置工作包括办理社会保险和促进就业工作,所以,所有社会保险费用都由用地单位负责,包括养老保险和医疗保险。由于失地农民获得合理补偿后,还得到用地单位的社会保险安置和就业方面的协作,农民大都希望土地被征用,可以过上跟城市居民一样的生活。其余省市的(成都市、西安、哈尔滨除外)社会保险安置主要以养老保险为主。根据目前全国城乡居民医疗保险全覆盖的目标,解决养老保险问题就成为最紧迫的。为了更好地解决筹资问题,主要从以下方面考虑：

5.1.1 统一组织与管理

一、对失地农民养老保险进行统一的组织与管理

到目前为止,还没有全国统一的关于失地农民养老保险的文件和政策,导致全国各地各自为政的局面,所以养老保险政策五花八门,养老待遇水平差异极大。主要的制度依据有三个:一是国务院颁布的规范性文件,有国办发[2006]29 号、国发[2006]31 号、国办发[2006]100 号等,这些文件对社会保险的保障对象、保障水平、资金来源以及其他保障措施等进行了一般性的规定,但是只能作为指令性的文件,没有对在全国范围内做出统一的部署、统一的要求。二是国务院职能部门独立颁布或者联合颁布的一些规范性文件。如原劳动和社会保障部和民政部、审计署联合下发了《关于做好当前农村社会养老保险工作有关问题的通知》(劳社部函[2007]31 号),强调各地必须做好失地农民的社会保障制度的工作,没有落实失地农民的社会保障工作之前不予以审批征地等等。三是地方政府(省、直辖市、自治区、副省级市)发布的地方性规章制度,如福建省政府办公厅 2008 年 2 月 19 日下发了《关于做好被征地农民就业培训和社会保障工作的指导意见》,文件规定:失地农民年满 60 岁,个人不缴费,纳入老年养老补助范围;失地农民的保障按城市规划区内外区别对待。区内:纳入城镇就业体系和社保体系;区外:纳入农村社保体系。

由此可见,失地农民养老保险的实施主要依据是上述的文件和政策,法律层级较低,无法承担数量庞大的失地农民养老保险工作的重任。因此,为了更好地做好失地农民的养老保险工作,全国人大常委会应该出台失地农民社会保险方面的法律,由人力资源和社会保障部门统一组织和管理,使失地农民社会保险工作有法可依,并且得到广泛的重视与支持。[①]

二、保护失地农民利益

自从 1999 年全国普遍采取一次性的货币补偿后,由于征地过程不够规范,土地补偿不合理,对农民的利益造成严重的损害。政府对失地农民利益的漠视,引起失地农民的强烈不满,征地引起的纠纷不断,导致政府信誉度

---

① 钟水映,李魁.失地农民社会保障安置:制度、模式与方向[J].中州学刊,2009 (1):112-116.

下降，失地农民对于投保养老保险心存疑虑，担心自己的利益再次受损。据有关调查显示，45.8％的受访者表示对参加养老保险不放心，担心缴纳的保险费去向不明和能否按时领取到养老金。在已经投保的失地农民当中，54.7％的人是通过亲戚朋友介绍才投保的，而不相信村里组织的投保行为。[①] 这种状况严重制约了失地农民养老保险政策的实施。

从某种程度来说，城市化的过程是把农民从土地上解放出来，反映了社会的进步，也是历史的必然。城市化要有利于农民富裕，而不是要产生大量的失地农民；要有利于缩小城乡差距，而不是扩大贫富差距，加剧社会不公。失地农民是城市化进程中产生的一个特殊群体，土地被征用后他们可能就会面临失地失业的状况，即将面临永久失去职业和生活保障的风险，尤其对于年龄偏大、人力资本较低的农民。有些人没有认识到失地农民的特殊性及其利益保护的重要性，认为提供失地农民养老保险是增加政府的负担。如果不转变观念，以致漠视农民的利益保护，就很有可能造成一大批新的城市贫困群体，增加社会的不稳定因素。农民牺牲了赖以生存的土地，为经济发展和城市建设做出了贡献，政府有责任使他们与城市居民一样共享城市繁荣、经济发展的成果。所以，要解决失地农民养老保险的资金来源问题，只要注重农民利益的保护，公平地对待失地农民，将土地出让中的收益尽量返还给农民，就能够为资金的筹集提供可能。

在失地农民养老保险体系的三个层次中，各层次的资金来源与筹集方式都不相同，而且筹集的难度与重要程度也有差异。其中最关键也是最困难的就是第一层次的基本养老保险和第二层次的专业性年金的资金筹集。第一层次属于基本的养老保险，也是整个体系的核心部分，所以，这一层次的资金筹集成为关键问题。第三层次的个人储蓄保险资金全部靠个人或者家庭提供，就不属于本书讨论的范围。

5.1.2 筹资渠道的多元化

一、基本养老保险实行政府、集体、个人三方筹资

失地农民养老保险的关键是如何保障长期的支付能力。如果一个养老保险制度缺乏稳定可靠的资金供给，这种制度就会成为空中楼阁。我国基本养老保险的资金筹集贯彻的基本原则是"国家、集体和个人三者分担"和

---

① 孟昭荣.失地农民养老保险的路径选择[J].河北农业科学,2009(9):147-150.

基本养老保险的福利原则,根据实际情况,适当控制个人缴费的比例和范围。这种个人分担保险费的原则来由已久,1889 年德国俾斯麦建立养老保险制度之初,就是强制性的缴费制度。1942 年的《贝弗里奇报告》①在三条指导性原则中指出国家和个人都要对社会保险的资金筹集尽职尽责。我国根据集体经济积极发挥养老保障作用的情况,强调集体分担相应的责任,这是符合我国国情的。

失地农民养老保险的资金来源有四部分(见图 5-1):一是政府土地出让金收入或者财政收入。土地出让金带有税费的性质,往往成为地方财政的收入来源。二是土地补偿费和村集体经济积累。其中土地补偿费可归农民或者村集体所有。三是安置补助费,原则上谁安置谁拥有,如果实施货币补偿,失地农民没有得到妥善的就业安置,就归失地农民。四是其他的资金来源,如地上附着物、青苗补偿费、农民自筹资金或者接受捐赠等。

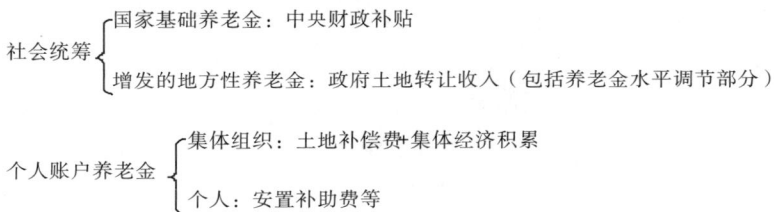

社会统筹 { 国家基础养老金:中央财政补贴
增发的地方性养老金:政府土地转让收入(包括养老金水平调节部分)

个人账户养老金 { 集体组织:土地补偿费+集体经济积累
个人:安置补助费等

图 5-1　失地农民基本养老保险运行模式及筹资渠道

如上所述,本书把失地农民的基本养老保险的运行模式设定为社会统筹与个人账户相结合(见图 5-1),即养老金总额＝基础养老金＋增发的地发放性基础养老金＋个人账户,每一部分都有相应的资金来源。社会统筹由两部分组成,其中国家基础养老金,与全国统一的城乡居民的基础养老金一致,资金来源于中央财政补贴,体现由国家提供普遍保障的公共服务的责任,跟是否征用土地没有关系,是每个居民都享有的福利。统筹部分增发的地方性基础养老金,由政府的土地出让金收入或者地方财政中列支。虽然国家文件中没有规定政府出资的具体来源,但是,基于土地的保障功能,包

①　1942 年的《贝弗里奇报告》在三条指导性原则的第三条中指出:"社会保障需要国家和个人的合作,国家的责任是保障服务的提供和资金的筹集,但在尽职尽责的同时,国家不应扼杀对个人的激励机制,应该给个人参与社会保障制度建设的机会并赋予他们一定的责任。"

括养老和就业功能,土地被征用后作为对土地保障功能的一种替代,土地补偿费中就包含了养老保险因素。

根据土地地租理论,级差地租的一部分归政府所有,另一部分归集体所有,国家可以灵活机动地分配土地的级差地租。因此,在失地农民基本养老保险的筹资模式中,统筹部分增发的地方性基础养老金,来源于地方政府的土地出让金收入。因为土地出让金收入归地方政府,形成地方的财政收入,扣除部分作为养老保险费的一部分,可视为对失地农民的利益返还,也体现了政府的责任。集体出资的部分,来源于征地补偿费,进入个人账户。因为集体可以拥有级差地租的一部分,土地补偿费一部分归村集体所有,集体出资部分在土地补偿费中列支是合理的。而且集体出资部分进入个人账户,视为农民的自有权益。同时,养老保险金也可以被看作农村老年人为社会经济和集体经济积累所做的贡献。个人缴费部分从安置补助费、青苗补助费等中扣除,不需要另外筹资,体现个人自我保障的责任。至于政府、集体和个人出资的比例,综合考察了全国的失地农民养老保险的情况,参照各级的文件精神,本书认为三者出资比例定为 4:4:2 比较合理。

二、专业年金由用地单位全额出资

如上所述,失地农民强制性的专业年金,相当于城镇职工养老保险体系中的职业年金,由于失地农民的集体组织没有企业那样严密,不具备承担起筹集补充性养老保险基金的能力,因此由当地政府来代替组织和筹资。根据(国办发[2006]29号)和(国发[2006]31号)的规定,征地补偿安置费用的落实是批准征地的前置条件,社会保障费用不落实的不得批准征地,即"不保不征"。先由用地单位把所需的每个人的保险费交给当地政府,由政府以村为单位,向保险公司投保,具体险种和年金的领取方法由投保人自己选择。政府给予投保人和保险公司政策优惠,保险费从税前列支。这是上海的经验,由用地单位解决失地农民的社会保险问题,其社会效果很好。只不过这里用来解决补充养老保险的资金问题,其目的就是要用地单位参与失地农民的养老保险风险分担,提高失地农民的养老保险水平。

5.1.3 采用多样化的缴费方式

按照城镇职工养老保险、城乡居民养老保险的缴费办法,一般都采用期缴的办法,月缴或者年缴,这是基于投保人的收入稳定或者有一定的规律性。但是,失地农民的情况不同,几乎所有的征地补偿都是一次性发放,同一个家庭的成员可以一次获得一笔金额巨大的征地补偿,俗称"一夜暴富"。对失地农民养老保险的缴费方式有两种,一种是采取一次性缴费的方式,另一种是采取分期的缴费方式。

一次性缴费的方式是基于失地农民的特殊情况:

第一,失地农民面对大笔的资金,会产生非理性的消费,甚至会造成不良的社会风气。大多数农民由于长期靠耕种土地和打零工为主要的生计,平时没有掌握大笔资金的机会或者习惯。面对大笔的钱财,失地农民首先想到的可能是最紧急的消费。不会对资金进行有计划安排,比如留存以后需要缴纳的保险费、每个月的生活费、再就业的培训费和投资创业等等。而是想到要建房子、娶媳妇、买小车等高消费的享受,很快就把补偿费用完。有些人甚至面对巨额的钱财不知所措。杭州城郊一些村庄的村民原来以种菜为生,前几年,村民们因拆迁补偿而富起来后,不少人终日无所事事,有的靠打麻将度日,有的甚至染上了毒瘾,很多人因无度挥霍而返贫,这个比例占失地农民的至少有 10%。据了解,因拆迁安置款引发的财产纠纷、家庭纠纷逐渐增多。这些乱象不仅危及家庭稳定,也影响社会和谐稳定。[①]

第二,失地农民失地后的职业变化大,就业和收入不稳定,如果分期缴费的话,就很难保证资金来源的稳定。有可能缴了首期保险费后,就再也无法续缴了。这样就无法对失地农民的养老起保障作用。

第三,养老保险本来就具有拉平不同生命周期消费的功能。在收到一次性的货币补偿后,先把养老保险费缴清,避免了过度的即时消费,为老年后的生活提供保障,解除失地农民的后顾之忧。

但是,这种缴费方式有一定的局限性:有些年轻的失地农民认为缴费时间太早,距离将来领取退休金时间过长,持不信任的态度,更倾向于增加即期消费而不愿意缴纳保险费。

分期缴费的方式比较受年轻失地农民的欢迎,因为一是可以减轻缴费压力,领取的安置费或者补偿费用于更需要的开支项目上;二是年轻人对养老保险的需求没有中老年人迫切,分期缴费理论上更具操作性。

---

① 王慧敏,冯益华.拆迁后"一夜暴富"是福是祸?[N].人民日报.北京,2012-07-15.

5.2 确定合理的保障水平

5.2.1 确定合理的收入替代率

一、基本养老保险保障水平的影响因素

(一)经济发展水平的制约

经济发展水平及其所能够提供的社会养老资源是制约养老保险给付水平的关键因素之一。较高的经济发展水平,是实现养老金承诺、实现养老保障目标的重要经济基础。在失地农民基本养老保险层次里,采取社会统筹与个人账户相结合的模式,养老保障水平取决于社会平均工资的一定比例和个人账户积累的规模。失地农民养老保险应使失地农民降低甚至摆脱养老风险,同时也应保证失地农民与城镇居民一同享受经济发展的成果。失地农民的养老金水平应随经济发展水平的提高而不断调整,在确保失地农民基本利益不受损害,不因失地致贫的基础上,更要不断提高失地农民的养老水平,保障其发展权。

(二)社会政策目标的影响

养老保险作为国家社会政策的重要组成部分,必然要反映和体现一定的社会政策目标。在不同的时期、不同的经济背景下,国家或者强调公平,或者强调效率。养老保险作为社会稳定器,可以协调上述两者的关系。因为通过养老保险计划实现不同收入劳动者之间某种程度的收入再分配是许多国家养老保险制度的基本内容。同时,在市场经济体制的国家,也要体现劳动者的自我积累、自我保障的效率机制,促进经济的较快发展。单纯强调公平或者单纯强调效率机制的社会政策目标,都会使得养老保险制度的实施产生负面的影响。失地农民基本养老保险实施统账结合的模式,包括了体现收入再分配特性的基础养老金和体现直接与收入及缴费相关联的个人账户的保险金。其中基础养老金给退休者提供均一水平的社会性养老金,忽略了劳动者的收入和缴费情况。个人账户积累的给付根据退休者的收入和缴费规模提供有差别的养老金水平。这种结构很好地体现了公平与效率兼顾的社会政策目标。

二、补充养老保险保障水平的影响因素

(一)基本养老金的保障水平

按照国际的通常做法,基本的养老保险由国家组织和管理,属于社会保险范畴,补充养老保险由商业保险公司提供。根据社会保险与商业保险在一定的社会资源的条件下互相竞争的情况,社会保险与商业保险存在此消彼长的关系。如果一个国家的基本养老保险保障水平高,就会助长人们的依赖思想,这必然会形成对商业保险的挤出效应。事实上,在保障需求和缴费能力一定的前提下,由于强制性的社会养老保险满足了人们的一部分需求,相对地说,对于商业保险的需求就会减少。较少的社会养老保险替代了较多的对商业保险的需求,人们对商业保险的需求就会减少。相反,如果国家的基本养老保险提供的保障水平越低,带给商业保险的发展空间就越大。

(二)保险公司的经营技术与保险基金运作水平

保险公司经营补充性的养老保险,是一种市场行为,其提供的服务范围以及服务的质量完全依赖于经营技术和保险基金运作水平。失地农民的补充性养老保险,即专业性的年金和个人储蓄保险都由商业保险公司经营,其保障的水平体现为提供的年金或者养老保障产品的稳定与质量,同时还有对保险基金保值增值的能力。因为提供养老金的最大影响是通货膨胀。如果能够提高资金的运营效果,投资收益率高于通货膨胀率,就有助于抵抗通货膨胀的不利影响,保证养老金一定水平的购买力。相反,如果保险公司经营技术差,资金运营能力薄弱,面临极大的投资风险,不仅无法做到资金的保值增值,而且还会影响到资金的安全。

(三)国家的金融市场条件

保险公司经营补充性的商业养老保险,提高基金运营效果,实行有效投资策略和合理的投资组合,有效地抵御通货膨胀对养老金的影响,提高保险金的保障能力,最终离不开一定的宏观环境——国家的金融市场条件和基金投资绩效。欧美国家的养老保险基金投资业绩的实践表明,在国家良好的投资环境下,养老保险基金的投资可以获得较高的投资回报。尤其当失地农民选择趸缴保险费时,保险期限长、基金规模大,对投资收益的要求也相对较高。

三、确定合理的目标替代率

确定合理的目标替代率实际上就是建立养老保险金自动指数调节机制,目的在于弥补因价格上涨导致的养老金实际货币购买力下降的损失。

养老保险金指数调节的过程非常复杂,主要涉及两个方面,一是养老金计发基数的收入水平,二是寻求有效的方式防止养老金实际购买力因物价上涨和工资水平的提高而受到影响,以保证退休者的经济利益。一般国际上采用价格指数调节机制、工资指数调节机制或者价格和工资变化为基础的指数调节机制。

在动态经济条件下,对养老金实行不同的指数化调节机制,可能会产生不同的政策效果。如果工资增长幅度快于价格上涨幅度,价格指数化调节机制将会降低养老金的收入替代率,工资指数调节机制会保持收入替代率的稳定;相反,如果价格上涨幅度快于工资增长幅度,价格指数调节机制将会提高退休者的收入替代率,则工资指数调节机制仍然可以保持收入替代率不变。无论是哪一种的调节机制,都离不开具体的动态经济背景,其目的均在于为退休者提供基本退休收入,抵御通货膨胀的不利影响。自从1930年丹麦《社会保障法案》规定了建立养老金的自动调节机制后,20世纪70年代以来,各工业化国家普遍建立起养老金自动指数调节机制,以克服通货膨胀产生的不利影响。其中有12个国家实行以价格变化为基础的指数化调节机制,6个国家实行以工资变化为基础的调节机制,5个国家实行两者联合的调节机制。

根据李珍(2012)[①]的观点,中国基本养老保险的目标替代率设定为60%,综合其他学者的观点,建议在50%~60%之间,这是基本的目标替代率,坚持这一目标替代率的前提有两个假设:一是基本养老保险是退休金的唯一来源;二是保障生存刚性的需求。

针对我国三层次的失地农民养老保险体系,强制缴费的第一层次和第二层次强制的专业年金相当于我国城镇职工基本养老保险的作用。所以,参照经合组织国家的平均替代率是59%~68%和我国众多学者的意见,本书认为60%的目标替代率比较合适。失地农民养老保险体系中的第一层次替代率40%,加上第二层次的专业年金替代率20%,正好符合目标替代率60%(见表5-1)。

---

① 李珍,王海东.基本养老保险目标替代率研究[J].保险研究,2012(1):97-103.

表 5-1 中国失地农民多层次的养老保险体系及其风险分担

层 次	实施方式	保险费来源	运行模式	目 的	保障水平	风险承担
一 基本养老保险	强制	国家、集体、个人	统账结合	基本的养老保障	35%~40%的替代率	国家、集体、个人
二 专业性年金	强制	用地单位	基金积累的个人账户	对基本养老保险的补充	15%~25%的替代率	用地单位
三 个人储蓄养老保险	自愿	个人	基金积累的个人账户	更高水平的保障	20%的替代率	个人

资料来源:作者综合了本书第4章和第5章的论点整理形成。

表 5-2 社会平均工资与人均养老金比较

年 份	2008	2009	2010	2011	2012	2013	2014	2015	2016	2017
社会平均工资(元/月)	2408	2687	3045	3483	3897	4290	4697	5169	5631	6193
人均养老金(元/月)	1161	1276	1395	1558	1742	1914	2110	2353	2627	2876

资料来源:作者根据中国统计年鉴及人力资源和社会保障部网站 2008—2017 年数据整理。

分析我国近10年的社会平均工资和人均养老金的情况(见表5-2),发现工资增长快于养老金的增长(见图5-2和图5-3)。同时,通过比较社会平均工资、人均养老金和物价指数,发现社会平均工资增长速度快于养老金的增长速度。2008—2017年的10年时间里,工资增长速度为11.08%,养老金的增长速度为10.61%,物价指数上涨速度2.9%。三者相比较而言,物价指数相对稳定,而且增幅小(见表5-3、图5-4和图5-5)。

表 5-3 社会平均工资、城镇职工人均养老金增长与物价指数比较表

年 份	2009	2010	2011	2012	2013	2014	2015	2016	2017
社会平均工资增长(%)	11.59	13.32	14.38	11.89	10.08	9.49	10.05	8.94	9.98
人均养老金增长(%)	9.94	9.32	11.68	11.81	9.87	10.24	11.52	11.64	9.48
CPI 增长(%)	−0.7	3.3	5.4	2.6	2.6	2.0	1.4	2.0	1.6

资料来源:作者根据中国统计年鉴和人力资源和社会保障部网站 2008—2017 年数据整理。

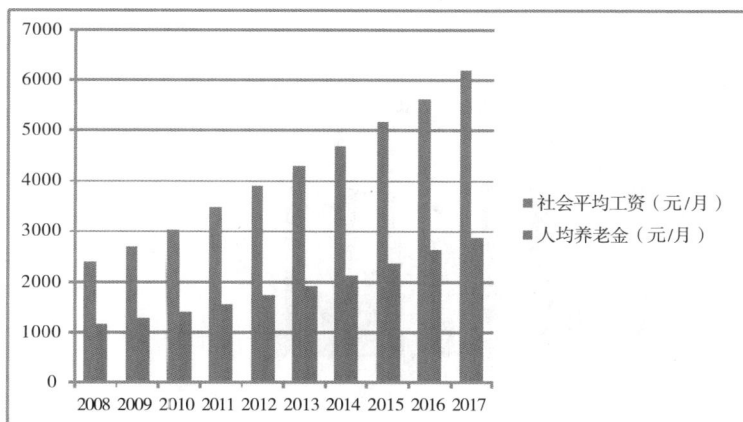

图 5-2　社会平均工资与人均养老金比较图

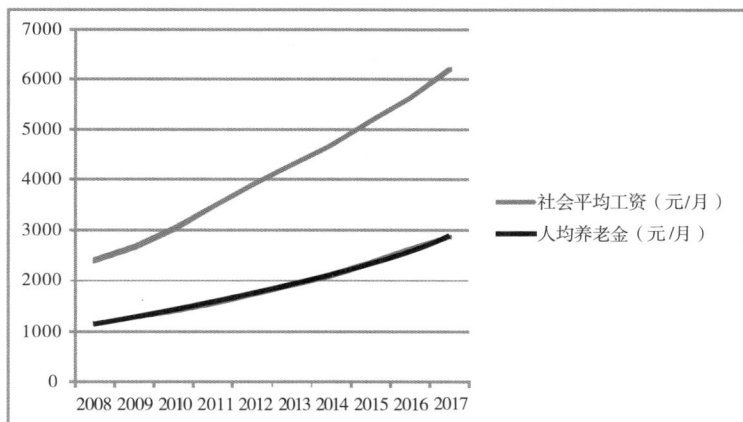

图 5-3　社会平均工资与人均养老金比较图

从保证退休者的收入水平和反映真实生活水准的角度分析,失地农民的基本养老保险目标替代率应该选择社会平均工资为发放基数,并且调节指数为 10%,主要原因有三个。第一,失地农民就业范围广,采用社会平均工资具有代表性,避免了采用某一行业工资过高或者过低的问题。第二,这种调节机制比较直接、客观,易于操作。我国的价格指数官方的统计数据受人为因素影响较大,没有真实地反映出物价上涨的情况。所以,工资指数调节机制比较合理,更能反映退休者的生活水平和养老金的实际购买力。第三,替代率盯紧社会平均工资,并不一定表明养老金的调节指数与工资增长

133

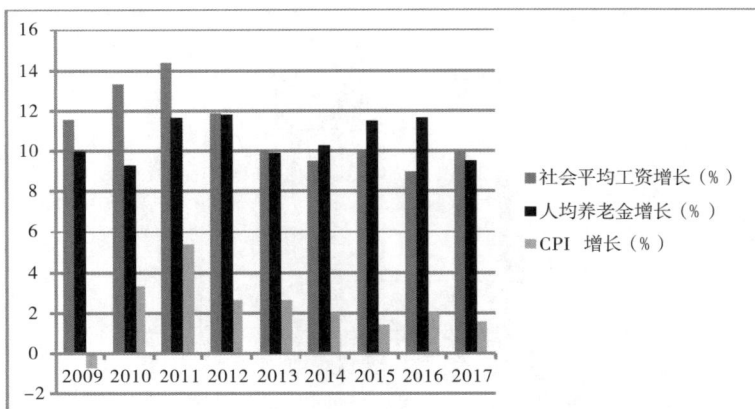

图 5-4　社会平均工资、城镇职工人均养老金增长与物价指数比较图

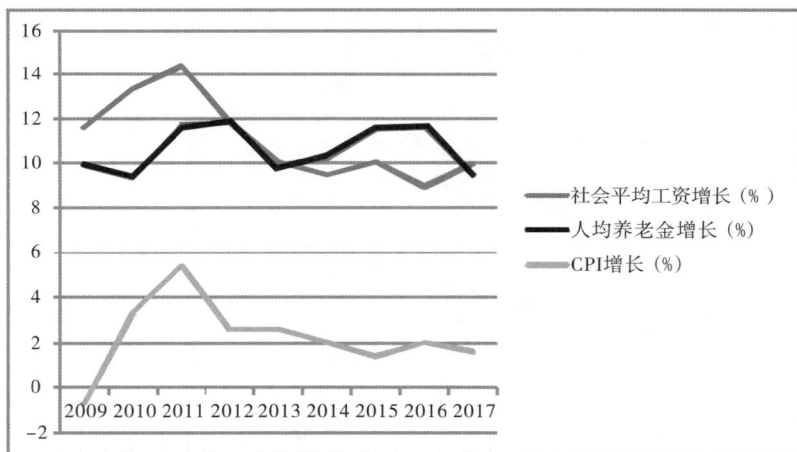

图 5-5　社会平均工资、城镇职工人均养老金增长与物价指数比较图

率一致,而是至少保持稳定,可以是社会平均工资的一定比例。我国城镇职工养老保险没有建立合理的调节机制,只是根据经济发展情况适当调整。从 2005 年开始,我国连续 13 年调整企业职工养老金水平,平均每年的增长率为 10% 左右,人均月养老金由原来的 700 多元到 2017 年的 2 876 元。这是政府为了保证企业退休人员生活水平保持稳定并逐步提高而采取的行政调节手段,并没有正常的调节机制。根据这一现实,我国失地农民基本养老保险按照社会平均工资的增长率为调节指数是比较合理的。

5.2.2 确定合理的缴费水平及养老金给付方式

失地农民基本养老保险与城镇居民养老保险一样,实施养老保险待遇水平与缴费挂钩的原则。因此,要达到预定的收入替代率,必须确定合理的缴费水平和养老金给付方式。

一、确定缴费水平应该考虑的主要因素

(一)货币的时间价值

失地农民的年龄跨度大,就业范围广,而且收入水平差异很大,在选择一次性缴纳养老保险费之后,要等到退休后才能领取养老金,从缴费到领取养老金之间的时间可能长达几十年。这期间,养老保险基金存在一定的时间价值。投保时年龄越低,其时间价值就越大。此外,时间价值也是失地农民对其放弃资金拥有现期消费的损失补偿。因此,在确定失地农民养老保险缴费水平和建立给付模型时,必须注意养老保险基金的时间价值属性,养老保险基金积累的时间和利率是影响养老金水平的主要因素。在养老保险缴费水平一定的情况下,利率越高,将来给付水平就越高;基金积累时间越长,收益就越大。

(二)预期寿命和通货膨胀率

养老保险作为一种年金制度,其保障水平受到人口预期寿命和通货膨胀率的影响很大。寿命越长,通货膨胀率越高,无论是个人账户的分配还是社会统筹账户的收支平衡,都会严重侵蚀失地农民养老金的购买力。个人账户养老金的给付水平决定于缴费和投资收益的积累额。无论失地农民的保险费选择任何一种缴费方式,养老金的发放标准按照失地农民的平均余命和预定利率来确定。所以预期寿命的估计对将来给付养老金影响较大,预期寿命与缴费水平呈正相关的关系。社会统筹部分,由于经济和物价的上涨,通胀率 R 对养老金的影响具有幂级数的效应,失地农民领取养老金每延迟一年,会增加$(1+R)$倍的养老金,[①]所以,要根据失地农民的长寿风险和通胀率来测定养老保险缴费水平。

二、现行的筹资和给付方式不合理

经研究分析发现,大多数失地农民养老保险的政策当中,确定保障水平

---

① 李佳,陈世金.河北省被征地农民养老保险制度模式分析[J].人口与经济,2011(2):56-61.

的基准是当地农村居民或城市居民最低生活保障,因而,采取低保障、低缴费的办法。同时也设定了多个缴费档次,以满足失地农民不同的保障需求。在运行模式的选择上,也大多采用了社会统筹与个人账户相结合。

但是,从实施的效果看,存在很多问题。首先,没有考虑货币的时间价值,采取静态的方式筹集基金和发放养老金,造成失地农民缴费高,反而享受水平低。同时,远远低估了个人账户的资金增值,个人账户资金按照一年期的银行存款利率付息。其次,名义上实行社会统筹与个人账户相结合的运行模式,但实际上,失地农民的养老金首先从个人账户中支出,个人账户资金不足时才从社会统筹账户中列支。这种支付方式的结果,实质上是失地农民的自我养老,只有寿命超过预期寿命的人才可以享受社会统筹部分的养老金,没有体现政府的责任。本来统账结合的模式,是为了体现公平与效率,在政府承担一定责任的基础上,实现自我养老。而目前这样的养老金计发办法违背了基本养老保险的初衷,造成了对失地农民权益的损害。因为,个人账户由集体出资和个人出资构成,属于个人的资产,如果严格按照统账结合的给付方式,个人账户的资金支付完毕之前,被保险人去世,可以作为个人遗产由其法定继承人领取。最后,缺乏养老金的调节机制,现行的失地农民养老保险政策中,虽然都规定了要随着经济的发展水平增加养老金,但是,由于其参照标准是最低生活保障,其调节具有随意性和盲目性,缺乏保证养老金实际购买力的制度保障。

三、修订现行的筹资和给付方式,确保养老金水平的稳定

(一)确定合理的养老保险缴费水平(以一次性缴费为例)

1.首先确定统筹账户的缴费金额

设定 T 为每年给付的统筹养老金,假设缴费和保险金给付都在年初进行;x 为投保年龄;r 为退休年龄;e 为平均余命;i 为预定利率;h 为替代率;w_{r-1} 为退休前一年的社会平均工资;z 为工资增长率或工资增长率的一定比例;n 为退休后生存年数;A 为投保时统筹部分的保险费。

则根据设定的失地农民社会统筹部分的养老金为社会平均工资的一定比例,有:

$$T = h \cdot w_{r-1} \cdot (1+z)^n \tag{5-1}$$

那么,x 岁农民在 r 岁退休后的养老金给付在退休时的现值 PB 为:

$$PB = \sum_{n=1}^{e} h \cdot w_{r-1} \cdot (\frac{1}{1+z})^{n-1} \tag{5-2}$$

x 岁的失地农民在投保时缴纳的统筹保险费在 r 岁退休时的现值 PF 为：

$$PF = A(1+i)^{r-x}$$

由 PB = PF，则有：

$$A \cdot (1+i)^{r-x} = \sum_{n=1}^{e} h \cdot w_{r-1} \cdot \left(\frac{1}{1+z}\right)^{n-1} \qquad (5\text{-}3)$$

$$A = \frac{\sum_{n=1}^{e} h \cdot w_{r-1} \cdot \left(\frac{1}{1+z}\right)^{n-1}}{(1+i)^{r-x}} \qquad (5\text{-}4)$$

关于(5-4)式中参数的确定与取值范围：r 一般是 60 岁，e 取值 18～19 岁，[①] i 可以取多年来平均存款利率，约 3%，[②] h 根据需要保障的程度和政府的财政能力取 15%～20%，w_{r-1} 可以从统筹地区的政府或者人力资源和社会保障部门的统计资料中查出，z 可以取 10%，因为我国企业职工的养老金从 2005—2017 年，国家已连续 13 年较大幅度调整企业退休人员基本养老金水平，平均增长幅度为 10% 左右。

2.其次确定个人账户的缴费额

设 P 为每年养老金的发放金额；

x 为投保年龄；

r 为开始领取养老金或者退休年龄；

e 为平均余命；

i 为预定利率；

v 为利率折现值；

C 为集体和个人的缴费总额；

n 为退休后生存年数；

假设缴费与养老金给付均在年初进行，则 x 岁地农民在 r 岁退休后的养老金给付在退休时的现值 PVB 为：

$$PVB = P \cdot (1 + v^1 + v^2 + \cdots + v^{e-1}) = P \cdot \sum_{n=1}^{e} v^{n-1} \qquad (5\text{-}5)$$

$$v = \frac{1}{i+1}$$

---

① 根据联合国卫生组织公布的中国 2000—2005 年生命表，2005 年以后的平均余命为 18.6 岁，所以取值 18～19 岁都是合理的。

② 根据中国人民银行存款基准利率表，近几年来平均存款利率为 3.1%。

x 岁失地农民在投保时缴纳个人账户保险费在 r 岁退休时的现值 PVF 为：

$$\text{PVF} = C \cdot (1+i)^{r-x}$$

由于 PVB＝PVF，所以，

$$P \cdot \sum_{n=1}^{e} v^{n-1} = C \cdot (1+i)^{r-x} \qquad\qquad (5\text{-}6)$$

$$C = \frac{P \cdot \sum_{n=1}^{e} v^{n-1}}{(1+i)^{r-x}} \qquad\qquad (5\text{-}7)^{①}$$

关于(5-7)式中的参数确定与取值范围：P 可以根据 w_{r-1} 的一定比例确定，r 一般为 60 岁，i 可以参考基金运行的实际收益率确定。[②] 式中的预定利率 i 与(5-7)式中的 i 不一样，因为(5-7)式中的 i 是个人账户基金的预定利率，个人账户基金要进行市场化运作，收益性较高；(5-4)式中的 i 是统筹账户的基金运用的利率，统筹基金的管理主要以安全性为主，其投资运用比较保守。所以两者的取值参考标准也不同。

最后，得出总保险费额为 $A+C$，根据政府、集体与个人的出资比例 4∶4∶2，适当调整各自应缴的保险费。

(二)实行实质上的社会统筹与个人账户相结合的给付办法

在设计失地农民养老保险运行模式时，考虑社会统筹与个人账户相结合的模式，主要是出于两方面的考虑：一是有利于将来与城镇职工养老保险制度的衔接，二是符合失地农民的意愿。因为集体和个人出资部分，本来就是失地农民的资产，最终应该补偿给失地农民的部分。政府为失地农民提供基本养老保险并承担相应的出资责任，是履行政府的职责。政府在农用土地的先征后转过程中获得土地的增值收益。为了维护失地农民的合法权益，政府除了补偿因征地造成的损失费用外，还要为失地农民提供必要的经济和生活保障，使他们不会因为失地而生活水平下降。政府出资部分进入社会统筹，在计发养老金时，统筹账户的基础养老金和个人账户的养老金同

---

① 陈绍军,彭铃铃.南京市失地农民基本养老保险给付水平分析[J].中国发展, 2010(3):56-63.

② 根据周渭兵(2000)提出的可以以社保基金投资管理行业平均收益率 70％作为最高预定利率的建议来确定。这是因为基金运行也有收益较低的年份，对投资收益较低的年份可考虑用其他年份 IRR 的 30％结余进行弥补。

时发放,才是真正的统账结合,也体现了政府的责任。

(三)建立失地农民社会保险专项基金

由于失地农民基本养老保险的保障水平是一个根据社会平均工资的一定比例为目标替代率,是一个动态的指标,比较真实地反映了养老金的实际购买力和分享社会经济发展的成果,所以,不需要另外制定一个养老金调节机制,只要根据社会平均工资的变化定期调整到规定的水平就可以了。为了保证政府出资部分的落实有稳定的资金来源,必须建立失地农民社会保险专项基金,以保持失地农民养老保险制度的自我平衡。其主要来源有:一是土地出让收入,至少要提取 30% 的土地出让收入作为失地农民社会保险基金的主要构成部分;二是财政新增加收入的一定比例;三是从全国社会保障基金投资收益、社会各界捐赠等筹集一定比例的资金。

5.3 多层次体系中各层次的协调发展

在多层次养老保险体系中,既要体现其效率最优,又要尽量减少其负面影响,这就要求各层次之间要协调发展,包括保障功能的协调和保障水平的协调。

一、保障水平的相互协调

在多层次的失地农民养老保险体系中,明确各层次的提供主体责任并确定其相应的保障水平,是关键的问题。替代率是衡量养老保险保障水平最重要的指标,因而,如果需要明确各层次的保障水平及其在整个体系中的地位,可以通过其提供的替代率来体现。

第一层次作为基本养老保险,根据国际上经济发达国家公共养老保险的水平过高(平均替代率 60% 左右)的教训,以及世界银行提出的多层次养老保险体系中要求国家公共养老保险的水平控制在替代率 40% 左右,丹麦、英国、瑞士、加拿大、美国和荷兰等国的基本养老保险目标替代率在 30%～45% 之间,[①]国际上很多国家的养老金总和替代率为 70% 左右,那么,补充养老保险和个人储蓄的替代率总和可以设定为 25%～40% 左右。

---

① 朱青.中国养老保险制度改革:理论与实践[M].北京:中国财政经济出版社,2000:196.

有专家建议我国的城镇职工养老保险三层次的养老金总和替代率为80％，第一、第二和第三层次的替代率分别为40％、20％、20％。由此可推断，失地农民第一层次基本养老保险和第二层次的专业性年金、第三层次的个人储蓄养老保险的替代率可以分别设定为40％、20％、20％。根据我国各地区经济发展水平的差异，不适宜采取统一的绝对数量的保障水平，而是根据各地区的实际生活水平和社会平均工资的高低，以目标替代率为基础来测算。这样更切合实际，保障失地农民的经济利益。根据陈绍军以南京市失地农民为例，计算出基本养老保险的替代率在35％～38％之间，[①]接近目标替代率，说明南京市的失地农民养老保险水平相对合理。

二、保障功能的相互协调

在失地农民多层次的养老保险体系中，第一层次是社会统筹和个人账户相结合的模式，其中社会统筹包括基础养老金和增发的地方性养老金，其资金来源分别是中央财政和地方财政，个人账户部分由集体和个人出资构成。第二、三层次是专业年金和个人储蓄养老保险，其资金来源分别是用地单位和失地农民个人筹集。第一层次是政府为失地农民提供退休后的基本生活保障，可见，它强调的是再分配。基本养老保险难以满足的需要由专业性年金和个人储蓄养老保险来补充。第二、三层次运行机制主要是通过储蓄为退休后的生活提供保障，这种运行机制是为了增加个人自我保障的意识，同时分散养老保险的责任。这种功能上的相互协调，使得整个养老保险体系充分利用了社会的养老资源，实现公平与效率的统一，也实现了效率的最优。[②]

5.4 强化基本养老保险个人账户基金的管理

失地农民基本养老保险统账结合的设计目的，一是体现兼济公平与效率的功能，社会统筹担任公平的重任，则个人账户就承担了效率的任务，能否充分发挥个人账户的效率，直接决定了基本养老保险制度中个人账户的

---

① 陈绍军,彭铃铃.南京市失地农民基本养老保险给付水平分析[J].中国发展, 2010(3):56-63.

② 胡秋明.多层次养老保险制度协调发展探讨[J].财经科学,2000(3):90-93.

是否成功。二是个人账户实行基金积累制,通过个人账户基金的积累减轻失地农民将来人口老龄化的压力。失地农民达到领取年龄后个人账户的养老金水平完全取决于个人账户基金投资收益和风险状况。个人账户基金投资运营面临风险。个人账户的有效性主要体现为以最低的成本积累一笔足够基金,以保证失地老年人养老金水平的目标替代率。那么,个人账户的效率来自于基金的投资收益。

个人账户基金积累制养老金的收支计划时间跨度很大,实质上是一种长期资产积累,容易受到通货膨胀的影响,面临贬值的风险,需要进行投资实现保值增值,以满足未来的支付需要。对个人账户基金保值的基本要求是投资收益率高于通货膨胀率,增值的基本要求是投资收益率大于平均工资增长率,以保证个人账户基金未来的支付需要。

5.4.1 个人账户基金的投资运营需要引入市场化机制

一、个人账户基金的投资运营引入市场化机制的必要性

养老保险个人账户基金属于个人资产,无论从制度上和理论上都需要进入资本市场,实行市场化投资,这是积累制度的内在需求。在统账结合的个人账户基金,个人缴费与个人积累的基金直接关联,其制度目标是经济效益,是典型的私人产品。为实现养老金的足额给付,提高个人自我保障意识,个人基金管理就要达到保值增值的要求,进行市场化投资和现代投资组合管理将是必然的选择。个人账户基金积累制度有效性的测量标准是基金的收益率。如果基金的收益率高于通货膨胀率和工资增长率,就说明这种制度是有效的。否则,当个人账户基金收益率低于通货膨胀率时,基金就会贬值。当个人账户基金收益率低于工资增长率时,其养老金对工资的替代水平越来越低。只有把基金进行市场化运营,获得社会资本平均收益率,才有可能提高基金积累制度的有效性。

将失地农民基本养老保险的个人账户基金交给私营机构经营,引入竞争机制,建立多元化的投资理念,运用证券投资中的投资组合理论,可以有效地降低个人账户基金投资运行中的风险,以实现基金整体的投资回报率和投资安全性。因为在投资管理方面,市场化的主体往往比政府机构有更多的经验、更高的效率和更强的竞争力。比如专业的养老金管理公司、保险公司等金融机构,由于它们的经营特性,决定了在管理长期性货币资金方面拥有技术优势、人才优势和信息优势,对个人账户基金进行投资管理,通过市场竞争实现基金的保值增值,最大限度地保障投保人的养老安全。目前已有多家专业化养老保险公司和十多家保险机构获得了企业年金管理人资格。

二、目前基本养老保险个人账户基金管理中存在的问题

目前失地农民基本养老个人账户基金都是由社会保障部门管理并处理日常的支付事务,资金使用风险大,出现过被挪用和管理费用过高等问题,更难以保值增值。在具体管理中规定了失地农民个人账户基金按银行一年期存款利率计息,因而无法抵御通货膨胀风险,不能反映养老基金的真实收益率,损害了失地农民的权益。

基本养老保险基金是老年人的养命钱,如何管理好这笔资金,这一问题不仅失地农民养老保险体系中存在,在我国实施多年的城镇职工养老保险制度中同样存在,而且政府一直持比较审慎的态度,把安全性放在第一位。多年来,也不断在探索和总结资金运用的经验和教训。国务院及有关部门连续出台4个文件要求对养老保险个人账户基金加强管理,①保证个人账户基金的保值增值已经日益成为大家关注的问题,实行市场化的投资运营,是个必然的趋势。

三、个人账户基金的投资运营引入市场化机制的可行性

(一)来自国际上的成熟经验和教训以及国内的实践经验

国际上,欧美国家在养老基金进入资本市场的实践中取得了良好的成绩,表明了养老保险个人账户基金进入资本市场的可行性。瑞典连续15年养老金的年均实际回报率是8.5%,美国和英国都达到6.1%,澳大利亚近5年的年均收益率为4.7%。②

---

① 2000年《国务院关于印发完善城镇社会保障体系试点方案的通知》(国发〔2000〕42号)要求个人账户基金由省级社会保险经办机构统一管理,按国家规定存入银行,全部用于购买国债,运营收益率要高于银行同期存款利率。2005年国务院《关于完善企业职工基本养老保险制度的决定》规定:国家制订个人账户基金管理和投资运营办法,以实现保值增值。2010年12月9日,人力资源和社会保障部拟定了《养老保险个人账户基金投资管理办法》,规定的投资管理办法与此前原劳动和社会保障部发布的企业年金投资管理办法相比有大量近似之处,二者均采用信托模式进行投资。2015年8月17日国务院颁发《基本养老保险基金投资管理办法》(国发〔2015〕48号)。

② 杨长汉.养老保险个人账户基金市场化投资是必然选择[N].上海证券报,2011-06-21:F07.

在国际上有两个国家即新加坡和智利都是实施强制储蓄的养老保险制度,劳动者退休后的养老金完全依靠个人账户基金的积累和投资收益的效果,都面临着个人账户积累基金未来支付能力的巨大压力,对基金的投资收益要求更高,不仅要保证其安全性,还要有良好的经济效果。但是这两个国家的个人账户基金投资管理模式完全不同,新加坡采取公积金制度,智利实施市场化运营。

新加坡的个人账户基金由中央公积金局集中管理并制定相关政策,具体投资决策由新加坡货币管理局和新加坡投资管理公司两家政府机构执行。主要的投资渠道有国债、银行存款、住房、基础设施和外国资产。集中管理的成本非常低,仅为总资产的0.07%和年度缴费额的0.5%。但是,投资的收益就总体而言偏低,因为投资国债的收益率低,成为新加坡退休金水平偏低的重要原因。

智利的个人账户基金的管理采取分散管理的市场化运营机制,政府的职责是监督管理。智利的养老保险个人账户基金的管理机构是基金管理公司,负责基金的日常具体运营事务。基金管理是一个竞争性的市场,基金管理公司按照市场的规则在投资政策允许的范围内进行投资管理,个人账户所有者可以自由选择基金管理公司和自由地变更、转移到其他的基金管理公司。由于其市场化运作,投资收益高,对退休水平的保障起到至关重要的作用。但是,也由于分散管理导致管理成本很高,达到了每年个人账户总资产的23%。[①]

中国社会保障基金理事会公布2017年年末,社保基金资产总额22 231.24亿元。其中:直接投资资产9 414.91亿元,占社保基金资产总额的42.35%;委托投资资产12 816.33亿元,占社保基金资产总额的57.65%。社保基金自成立以来的年均投资收益率8.44%,累计投资收益额10 073.99亿元。2017年,社保基金权益投资收益额1,846.14亿元,投资收益率9.68%。总体效果比较理想,这是由于中国社会保障基金理事会进行了个人账户基金市场化运作的结果。

(二)国内的基本条件已具备

首先是个人账户基金的投资运营引入市场化机制的基础条件已经具

---

① 李珍.论建立基本养老保险个人账户基金市场化运营管理制度[J].中国软科学,2007(5):13-21.

备。城镇职工养老保险的养老新政要求提高统筹层次,由县市统筹过渡到省级统筹,这意味着管理水平迅速提高,也放大了基金规模的聚集效应。同时,养老保险个人账户的资金数额大、期限长,为资金的长期投资策略提供了有力的保证,客观上使得投资工具和投资项目在时空上分散了投资风险。尤其是股票市场的发展,它的高收益率对基金的投资具有强大的吸引力。其次是个人账户基金的投资运营引入市场化机制的外部环境不断改善。第一,中国经济的高速增长,使得社会资本的收益明显提高。随着市场经济的不断完善,企业的治理结构日益完善,资本利用的效率迅速提高。在有效率的市场上,资本的收益率很可能高于经济增长率,这无疑是良好的经济条件。第二,中国资本市场快速发展。养老保险个人账户基金的投资运营离不开良好的资本市场。中国资本市场的不断规范、结构日趋合理、规模不断扩大、投资工具向多元化发展、基金管理行业也正在迅速扩大,这些都为个人账户基金的投资运营提供了良好的外部环境。第三,中国金融市场的结构转型为基金的市场化运行提供了难得的机会。中国的中央政府和各相关部门都在努力实行资本市场结构转型,改变原来的以间接资本市场为主的情况,发展直接资本市场,为养老保险基金、企业年金和商业人寿保险基金参与直接资本市场提供了机会。同时可以减轻银行体系的风险,增强市场直接配置资源的能力。

2017年,基本养老保险基金投资收益额87.83亿元,投资收益率5.23%。基本养老保险基金自2016年12月受托运营以来,累计投资收益额88.19亿元。基本养老保险基金投资运营稳步运行,截至2018年6月底,全国已经有北京、山西、上海、江苏等14个省(区、市)与社会保险基金理事会签署了委托投资合同。合同总金额是5 850亿元,其中3 716.5亿元资金已经到账并开始投资,其他资金将按合同约定分批到位。

其他养老基金市场化运营制度的建设和实施,可以为失地农民基本养老保险的个人账户基金的市场化运作提供思路,也可以借鉴其丰富的经验,来更好地提高投资效率,保证个人账户积累基金的未来支付水平。

5.4.2 建立个人账户基金的投资运营监管制度

在失地农民基本养老保险个人账户基金的投资过程中,涉及多方的利益主体,包括账户所有者、投资管理人、基金管理委员、政府相关部门等,因此必须建立起法律法规,规范各利益主体的活动,尽可能保证个人账户基金投资的安全,保护个人账户所有者的权益。

一、明确相关机构的职责

建立一个独立、高效的代表政府的监管机构,主要的监管对象是商业型专业投资机构的投资活动。负责制定短期、中期和长期的投资监管政策,包括投资范围、投资工具、投资对象、投资组合和各品种的投资比例等。制定投资管理人的考核政策,对其投资交易的合法性和投资风险的高低进行严密的监控。最大限度地降低基金的运营风险,保证失地农民养老保险制度的健康发展。

二、建立科学的准入和退出机制

为了增加投资收益,减少由于投资机构的行为引起的对个人账户所有者的利益侵害,要建立一套专业投资机构的筛选、准入和淘汰机制,由监管机构和基金管理委员会制定准入标准,筛选的程序和各项投资活动的指标。根据要求,允许任何符合条件的专业投资机构作为基金投资管理人,规范它们的投资必须按照市场的原则进行配置,以使它们有相当的自主性和灵活性。一旦发现它们有违反契约和政策的行为,损害了委托人利益,而且问题比较严重时,取消其代理资格。[1] 这种良好的准入和退出机制,可以利用专业投资机构的优势,利用市场竞争机制把投资收益保持在平均收益率以上,满足养老保险基金的特殊要求。

5.5 拓展商业性养老保险市场

多层次养老保险体系的建立与实施,是国际上养老保险制度改革的共同趋势。2017年7月4日国务院办公厅颁布《关于加快发展商业养老保险的若干意见》(国办发〔2017〕59号)提出"到2020年,基本建立运营安全稳健、产品形态多样、服务领域较广、专业能力较强、持续适度盈利、经营诚信规范的商业养老保险体系,商业养老保险成为个人和家庭商业养老保障计划的主要承担者、企业发起的商业养老保障计划的重要提供者、社会养老保障市场化运作的积极参与者、养老服务业健康发展的有力促进者、金融安全

---

① 李珍.多元化——养老社会保险基金管理的合理选择[J].经济评论,2001(6):56-59.

和经济增长的稳定支持者"。失地农民养老保险体系的第二、三层次是专业年金和个人储蓄养老保险。其中专业年金相当于城镇职工养老保险体系中的职业年金,在我国由于职业年金发展比较晚,很多企业举办职业年金都是由保险公司经办,进行市场化运作。即使企业自己举办,也是委托给保险公司进行基金的管理、投资和年金的发放。所以,发展商业养老保险市场,对职业年金和个人储蓄养老保险的发展非常有利。

5.5.1 商业保险在多层次养老保险体系中将扮演越来越重要的角色

吴定富(2008)提出,随着我国人口老龄化的加快,保险业要积极参与多层次的社会保险体系建设,以减轻政府的财政压力。[①] 这意味着商业保险在多层次的养老保险体系中将扮演越来越重要的角色。

根据社会保险与商业保险的关系,在保险资源既定的情况下,社会保险的保障程度和保障范围与商业保险的发展之间是相互矛盾的,两者的关系此消彼长。在其他因素不变的前提下,社会保险提供的待遇水平越高,商业保险发展的机会就越小;相反,如果社会保险的待遇水平越低,则必然为商业保险的发展造就更为广阔的前景。在目前进行的养老保险制度改革,建立多层次的养老保险体系,主要是改变老年生活保障完全依靠基本养老保险的状况,降低基本养老保险的保障水平,部分地退出政府在老年经济保障体系中的直接责任,让位于市场化经营管理的职业年金和个人储蓄养老保险,即补充养老保险。同时,为了保证老年人的退休收入不因为多层次养老保险体系的建立和实施而下降,保持总的收入替代率不变,就必须提高补充养老保险的替代率水平,保证老年人退休后的收入水平和收入安全。商业保险具有公司承保、商业化运作、市场化程度高的特点,在扩大养老保险覆盖面、减轻政府财政负担和提高老年人晚年生活质量等方面,发挥着越来越重要的作用。

根据国际经验,商业保险是一个国家社会保障体系的重要组成部分之

---

① 原保险监督管理委员会主席吴定富在 2008 年全国保险工作会议上讲话时指出,"建设多层次的社会保障体系需要保险业的积极参与,我国已经快速进入老龄化社会,完善社会保障体系的压力越来越大,保险业在更好地满足人民群众养老、医疗等保障需求方面大有可为"。来源于中国保险监督管理委员会网站。

一,在多层次的养老保险体系中,商业保险可以在不同的层次发挥不同的作用。

在基本养老保险这一层次,商业保险积极介入个人账户养老金的管理,利用其年金产品和提供服务的优势,提供精算技术和管理支持,参与个人账户养老金的给付。在失地农民养老保险体系的第一层次——强制性的基本养老保险,实施社会统筹与个人账户相结合的运行模式,其中个人账户的养老金水平在缴费固定的情况下,主要的影响因素是预期寿命和投资收益。实际上预期寿命是一种估计,与实际上的个人寿命肯定有偏差。那么,个人账户的养老金存在严重的长寿风险和投资风险。在基本养老保险体系内,政府无法分担和解除这种风险,往往通过统筹基金来消化。这不符合分账管理的原则,必须寻找其他途径来解决。根据国际经验,解决个人账户的长寿风险最好的办法是个人账户给付年金化,即当老年人达到退休年龄时,将个人账户积累的基金全部或部分用来购买商业性的年金保险产品。这就是利用了商业保险在年金产品设计和提供服务方面的优势,来化解基本养老保险的个人账户的难题——长寿风险。

在补充养老保险——第二层次,对于失地农民的专业性年金来说,主要是充分发挥商业保险公司在年金产品设计方面的优势,开发出适合失地农民的年金产品,同时,运用其专有的技术力量,提供资产负债管理和风险管控的技术支持。因为失地农民专业性年金的缴费主体是用地单位,失地农民不一定是用地单位的职工,他们之间并不是雇佣关系,所以用地单位没有义务为失地农民办理职业年金。那么,最好的办法是向商业保险公司投保团体年金,投保人为用地单位,被保险人为用地单位所征用土地上的失地农民。总之,商业保险可以通过为专业性的年金作计划、经营和给付提供全程服务,发挥其在养老保险体系中倡导者和主要承担着的作用。[①]

在第三层次的个人储蓄养老保险领域里,商业保险公司可以为失地农民量身定做,开发养老保险产品。在失地农民这一群体里,大部分可能由于本身条件的约束,就业于非正规部门,工作的岗位和收入都不太稳定,而且收入偏低。他们与普通的城镇居民相比较,投保商业保险的能力稍差。另外,有少部分的失地农民,通过经商,或者自己创业,经济收入增加,生活条

---

① 徐文芳.我国农村商业养老保险存在的问题与对策探析——基于完善社会保障体系的视角[J].保险研究,2009(8):71-76.

件改善,实现了身份、职业和社会地位的转型,对养老保险有更高的需求。商业保险可以利用其专业优势,发挥其市场主导者的作用,提供更多的个性化产品和更高的保障程度,弥补基本养老保险供给的不足,从而促进整个社会保障体系的丰富和完善。

5.5.2 商业性养老保险发展潜力巨大

自从 1994 年世界银行提出建立多层次的养老保险制度以来,越来越多的国家转变了完全依赖国家提供的基本养老保险的观念,转向多层次的养老保障制度,使得补充养老保险在整个养老保险体系中发挥着越来越重要的作用。这种商业性的养老保险作为基本养老保险的重要补充,不仅为老年人提供更高水平的经济保障,同时还为繁荣本国金融市场、发展商业养老保险市场、提升保险公司的经营水平注入了强大的活力,并且逐渐成为养老保险体系中主要的保障来源。

一、国际上养老保险市场发展的经验表明,客观上我国商业养老保险市场发展潜力巨大

补充养老保险制度从 1776 年在美国设立后,不断得到发展。经历了战后重建、20 世纪 70 年代的辉煌以及 20 世纪 80 年代的飞速发展,各国的发展势头超过以往的任何时期。到了 1980—1986 年期间,日本、美国、法国、荷兰领取补充养老保险的人数分别增加了 87%、41%、30% 和 24%,其中美国的情况尤为突出,各类补充养老保险计划的数量增长了 156%,投保人数增长了 76%,保险总资产增长了 455%。这是由于当时的各国面临同样的时代背景:这些国家经历了高福利的阶段,普遍面临着养老保险制度财务危机,通过大力发展补充养老保险可以减轻国家财政负担,抑制社会养老保险支出的膨胀;人口老龄化非常严重;补充养老保险发展与资金市场互动。[①]

从保障范围看,瑞典覆盖率为 90%,法国 80%,美国 55%,英国 60%。到了 2011 年,美国的养老金总资产为 17.49 万亿美元,排名全球第一,但是第一层次的政府养老保险的替代率只有 25.36%。所以美国的商业性养老保险市场非常大,可供保险公司发展的空间也很大。英国的基本养老保险的替代率为 20%~40%,但是大部分人退休后的主要收入来源于第二层次

① 叶晓玲,梁丽.企业补充养老保险制度的国际比较[J].重庆交通学院学报,2003(4):42-44.

的职业年金,2008 年年底时所有职业养老金资产为 1.41 万亿英镑,仅次于美国。2011 年英国由职业年金和个人储蓄养老保险组成的养老金已占总养老金资产的 90％,已经成为英国养老保险体系中最重要的组成部分。①

与西方经济发达国家相比,我国的养老保险基金的积累规模就显得非常小。基本养老保险基金 2011 年年底结余 1.9 万亿,职业年金 3 500 亿,全国社会保险基金理事会的基金积累 8 000 亿,商业养老保险累计 4.5 万亿,总额有 7.55 万亿左右的积累。与美国的养老金总资产 17.49 万亿美元(约合 114 万亿人民币)相比,只占美国的 6.6％。2011 年我国建立职业年金的企业有 4.49 万户,投保人数为 1 577,占就业人数 76 420 万的 2％,职业年金积累额约 3 500 亿,占总养老资产的 4.6％,距离发达国家的英、美、法等国的高达 50％以上的比例太远了。客观上,我国的商业养老保险具有很大的发展空间。

二、实际上的商业养老保险需求旺盛

(一)我国的预防性储蓄居高不下

我国自从进入 20 世纪 90 年代以来,人均居民储蓄呈持续上升态势,1990 年人均储蓄额为 615.4 元,2000 年增加到 5 077.5 元,增长率为 825％,2010 年 22 905.7 元,增长了 451 倍。同时,居民储蓄增长远远快于消费增长。这种加速的储蓄率,具有明显的预防性动机。2006 年中国人民银行对居民的储蓄原因抽样调查结果显示,居民储蓄的目的顺序为教育、养老、购房和预防意外。② 这说明我国居民有较强的风险意识,在一定的条件下,可以把这种预防性的储蓄变为购买养老保险,拓展养老保险市场。

(二)人口老龄化促使人们寻求商业养老保险

在未来一二十年时间里,我国第一批独生子女家庭的父母将逐步进入老年期。从 2011 年到 2015 年,老年人口比重将由 13.3％增加到 16％,平均每年递增 0.54 个百分点。全国 60 岁以上老年人将由 1.78 亿增加到 2.21 亿,平均每年增加老年人 860 万。随着自我筹划养老保障意识的广泛普及以及居民收入的逐步提高,养老保险产品的需求越来越旺盛。中美联泰大都会的"步步稳赢"变额年金适应了人们的需求从死亡风险保障逐步转向生

---

① 侯妍珂.美英日养老保险市场发展及启示[J].中国保险,2012(5):61-62.

② 孟庆平.中国补充养老保险的发展空间分析与制度环境设计[J].南方金融,2010(1):63-65.

存风险保障的转变,体现出巨大的发展空间。如果国家给予适当的税收优惠政策,变额年金保险将会是人们很好的养老保险选择。[①] 在良好的商业养老保险的市场环境中,众多的失地农民完全有可能选择合适的专业性的年金产品,同时丰富的个人养老年金产品也将能够满足收入较高的失地农民的养老保障需求。

5.5.3 拓展商业性养老保险市场的途径

一、国外养老保险市场发展的经验

以英国、美国和日本三个国家为典型的商业保险公司在拓展年金市场上的一些共同特征,来寻找我国可以借鉴的经验。

(一)优惠的国家政策推动

外国的养老保险市场发展将如此快速,离不开政府鼓励政策的推动。一是减免税收。不论是针对办理职业年金的企业和个人,还是进行养老保险储蓄的个人,都采取不同程度的税收减免政策。一般是投保时保险费在税前列支或在投资收益中免税,只在领取养老金时征收个人所得税。这种办法,以最低的成本,挖掘养老保险市场。二是放宽投资渠道。因为保险公司对养老基金的管理,要保证其保值增值,必须进行投资运营。国外养老保险投资渠道宽,可选择的工具多,并且还可以进行科学的投资组合,获得最大的投资收益,增加基金抵抗通货膨胀和长寿风险的能力。

(二)保险公司直接经营养老保险年金业务和进行第三方资产管理业务

一是保险公司通过设计、开发养老保险产品,直接深入到养老保险体系的建设当中,占领养老保险市场的一定份额,并日益成为养老保险市场的主导者。二是对各类的养老保险金进行第三方资产管理,包括基本养老保险基金和职业年金的管理。保险公司利用其在长期资产管理和投资的优势,逐渐形成自己的核心竞争力,通过提高资产管理能力,保险公司在养老保险市场上获得更大的发展空间。

(三)年金保险是保险公司拓展养老保险市场的重要工具

保险公司在开发养老年金时,提供包括储蓄、债券、股票、基金等多种投资方式,兼具保险保障与投资理财双重功能。最近,国内的平安保险公司也推出了团体养老投资连接保险,一定程度上正是借鉴了国外在养老金投资

---

① 付秋实.养老保险市场的"外热内冷"[N].金融时报,2012-02-01:012.

方面的经验而进行的一种尝试。再比如变额年金保险,是一种适应社会保险需求和保障内涵扩展的创新险种,在投资和保障两方面实现了更高层次的融合。同时,这类险种能够应对通货膨胀风险,不仅具有传统年金保险的功能,还兼具投资和理财的特征。

二、拓展我国养老保险市场途径的多元化

(一)政府制定相关政策,推动养老保险市场的发展

如前所述,政府在多层次养老保险体系中的直接干预的部分退出,就是转变为提供良好的环境和政策,调整和监督市场。首先,借鉴国外经验,政府出台税收优惠政策,激发企业和个人投保积极性。我国虽然有相关的文件出台,[①]但是,在实际操作中还只是停留在方向性的文件上,没有具体的措施,仍然是税收优惠不足,企业缴费在工资总额 5% 以内的部分、个人支出缴纳保费部分没有优惠。同时,个人储蓄养老保险也没有任何的优惠。国家应该尽快出台法规,明确规定个人和企业在投保商业养老保险方面的具体优惠措施,激发企业和个人的投保热情,以促进养老保险市场的发展。尤其是征地过程中用地单位对于失地农民的投保意愿,受投保政策的影响很大,由于投保人数多,如果给予一定的优惠政策,可以节省许多费用,激发用地单位的投保积极性。其次,对保险公司经营养老保险进行宽松的监管,在经营的范围、投资渠道等方面适当放宽,给予保险公司更多的自主权和选择权,提高其经营养老保险的积极性。其实,全国所有经营养老保险的保险公司,都在为迎接人口老龄化和养老保险制度改革带来的机遇做周密的准备,如果国家给予适当政策的外力推动,养老保险市场供给将会有关键性的突破。

(二)提升保险公司的产品创新和资产管理能力

首先,保险公司要加快产品创新,努力开拓满足不同需求的保险产品,根据市场上不同人群的养老保险需求,开发出具有特色的产品。比如中国人寿保险公司 2010 年研究开发的针对 20～50 岁高收入群体的"福禄满堂",该款产品集养老金领取和分红收益双高特点,兼具疾病和意外保障于一体,从投放市场以来,保费收入超过 5 000 万,体现了该产品的可替代性

---

① 2008 年 12 月,《国务院办公厅关于当前金融促进经济发展的若干意见》中提出,"积极发展个人、团体养老等保险业务,鼓励和支持有条件企业通过商业保险建立多层次养老保障计划,研究对养老保险投保人给予延迟纳税等税收优惠"。

低,具有明显竞争优势。① 在条件成熟的时候逐步放开港口市场的投资,应该鼓励研发资产证券化产品等多类型的养老金产品。同时,相关机构应该创新研发多样性的养老金产品,满足不同年龄段、不同层次的客户,以及不同风险偏好客户的个性化需求。其次,保险公司要努力提高经营管理水平。保险公司要发挥风险管理和保障功能,强化资产管理能力建设,切实提升资产负债管理能力,尤其是战略资产配置能力,增强金融市场竞争的话语权。只有在市场竞争中占有优势,才能成为社会养老保险基金管理的领先者,在资金受托管理和社保投资管理人领域,形成强大的社会影响力,成为团体年金和年金投资管理服务的主要提供者。

---

① 卢晓平.应对通胀及老龄化 国寿布局商业养老保险市场[N].上海证券报,2010-09-02:A03.

6.中国失地农民多层次养老保险体系运行的配套措施

为了保证失地农民多层次的养老保险体系的正常运转,还需要相关的配套措施,包括国家的土地管理制度的改革与完善、对失地农民的妥善安置、就业和再就业的服务扶持、失地农民基本养老保险与相关的养老保险制度的衔接以及鼓励家庭养老和提供非缴费性的养老保险等等。

6.1 改革与完善土地管理制度

本书的第三章分析失地农民养老问题产生的原因之一是国家的土地管理制度存在诸多缺陷。作为配套措施,必须对现行的土地管理制度进行改革,在借鉴国际上的土地征用和征地补偿费用核定经验的基础上,遵循市场规律,改变观念,尊重失地农民的生存权和发展权,为保护失地农民的权益提供法律依据。

6.1.1 明确界定公共利益的范围,重新确定土地产权归属

一、明确界定公共利益的范围

通过改革和完善现行的土地管理制度,严格限制征地范围,国家土地征用权只适合于公共利益的需要,才能避免政府在征地过程中行为的不规范,限制政府将征地范围从公共利益需要扩大到包括一切非公共利益需要的用地项目中,提高用地成本,充分发挥市场机制的调节作用,以节约土地资源,尽量减少失地农民的数量。因此,必须明确公共利益的范围。

公共利益的范围包括以下几种情况:国防建设用地;海陆空交通建设用地,如运河、高速公路、铁路、码头、机场、港口、桥梁等;公共建筑和基础设施用地,包括学校、医院、图书馆、社会保障房用地、自来水、公共管网、污水处

理、防洪灌溉工程、水坝水库、公园、公共娱乐设施建设用地;对国民经济有重大影响的国家和省级的重点项目用地,如环保工程、重点国有企业用地等等;其他经国务院批准的重要公共用途的用地等。同时,要明确规定只有省、自治区、直辖市的人民政府才具有土地征用权,其他任何组织和个人都没有权力以公共利益为由征用农民土地。因为只有国家才有权力变更土地的用途,把农用土地变更为非农用土地。对于非公益性的用地,政府没有权力征用土地。在发展规划的范围内,允许采取协议出让、政府备案的方式,由用地单位与农民商议,利用市场原则,进行公平交易。政府只是充当监督者、管理者,维护土地交易的公平与合法性,限制非法变更土地用途的行为产生。

二、重新确定土地产权属于农民

明确界定产权是获得征地补偿款及其合理分配的关键。因为土地补偿费的基础是集体土地所有权,即集体经济组织对其所有的土地享有占有、使用、收益和处分的支配权利。失地农民只有拥有农村集体组织成员的资格才享有土地补偿款的分配权。确立了农民的土地产权,就相当于城镇职工对企业拥有资产的主权。企业对职工依法具有承担为职工缴纳养老保险费的义务和责任。仿照城镇职工养老保险的做法,如果企业破产或者倒闭,职工的养老保险费就成为企业剩余资产必须优先解决的问题。农民失去土地,就像国有企业的下岗职工,基于土地的就业和社会保障功能完全丧失,然而工人享有社会保障,失地农民却没有。因此,政府应该加强立法,在征地中重新明确土地产权属于农民个人所有,并非属于原来虚化的集体所有,并要求征地单位依法承担失地农民的养老保险费的缴纳责任。[①]

2010 年 7 月 9 日,国土资源部[②]要求实施征地补偿新标准,采取多元安置途径,优先进行农业安置,规范留地安置,推进失地农民社会保障资金的落实。为解决失地农民长远生计问题,国土资源部门配合社会保障部门积极推进失地农民社会保障工作。2009 年,国务院批准建立新型农村社会养

---

① 温乐平.论失地农民养老保险的制度保障[J].南昌大学学报(人文社会科学版),2010(4):91-94.

② 2010 年 7 月 9 日,国土资源部发出《关于进一步做好征地管理工作的通知》,要求实施征地补偿新标准,多措并举,进一步规范征地管理工作。《通知》要求,要采取多元安置途径,优先进行农业安置,规范留地安置,推进失地农民社会保障资金的落实。

老保险制度。在新农保试点地区征地时,失地农民已纳入新农保的,还应落实失地农民的社会保障,实行"双保",不得以新农保代替失地农民的社会保障。①

6.1.2 建立公平合理的征地补偿机制

尊重和保护人权在国际上已经达成了广泛共识。我国的宪法和物权法都明确规定了国家尊重和保障人权以及保护公民合法的私有财产。对于失地农民来说,土地关系到其生存发展权,系统地重构土地管理制度,首先要考虑人权保障的问题。由于我国长期以来的计划经济体制和严重的二元结构存在,形成了以城市为中心的价值取向,国家的公共政策倾向于城市居民,忽略了对农村居民生存发展权的保护。虽然目前土地对农民的经济保障功能有弱化的趋势,但是其生活和养老保障功能是最重要的。个人权利的保障应该是社会的最高价值,在征用农地补偿方面,至少体现为对失地农民补偿的公平与合理。②

公平合理的补偿,是指按照反映土地真实价值的市场价格来进行补偿。也就是按交易双方都愿意接受的价格进行补偿,要使得农民愿意,最起码保证失地农民的基本生活状况不受损害甚至有所改善,有利于提高失地农民的生活水平并顺利向城市转移。公平合理的补偿,要针对土地对农民的特殊价值,考虑农民失去土地的间接损失等,必须保持农民失地后的经济福利水平不下降,农民得到的补偿不低于拥有土地的效用水平。因此,要综合考虑土地的征用前的平均使用价值、土地供求关系、人均土地数量、当地经济发展水平和本地区城镇居民最低生活保障水平等多方面的因素。要建立公平、合理的征地补偿机制,包括确定合理的补偿标准和补偿项目、征地收益分配和土地发展增值收益分享机制。

一、确定合理的补偿标准和补偿项目

(一)确定合理的补偿标准

征地补偿是失地农民在城市化进程中作为失去土地的一种损失补偿,表现为最直接的经济效益,如果补偿标准确定不公平合理,过低的补偿会侵

---

① 中国国土资源部网站。

② 王芝.我国土地征收补偿法律制度的缺失与完善[C]//.刘云生.中国不动产法研究(第六卷).北京:法律出版社,2011:102.

害农民的权益,很容易引发征地矛盾。通常地,土地征用补偿费由土地征用费和土地赔偿额构成,其中土地征用费主要是土地的市场价格,土地赔偿额是对于土地权利人被征用土地的损失的补偿。土地补偿额分为两部分:一是土地上的青苗费等,即附着于土地上的损失收入;二是对土地的未来收益的补偿。目前我国对土地补偿费用的项目和核定标准都混乱,没有一个统一的标准。在建立新的公平合理的征地补偿标准时,应该考虑以土地的保障功能为测算导向,不仅仅是把土地作为一种生产资料来看待。首先,要保证农民失去土地后基本生活水平不受影响;其次,测算征地补偿费是要把土地的所有功能和效用都包括在内。现行的土地补偿采用"产值倍数法"仅仅是土地经济产出的量化,没有体现土地的保障功能。应该在总成本中包含土地被征用后作为生产资料的土地权利人丧失的未来产出的经济收益和适应新的基本生活、生产和就业等社会保障所需要的费用。再次,在征地时推行片区综合价,坚持市场化的方向,在城市统一规划内,将城市按地区、地类分为若干个片区,每一片区确定一个相对合理的基础地价,实行统一的补偿标准。[①]

(二)适当增加征地补偿项目

为了给失地农民合理的补偿,除了提高补偿标准外,还要在原有的三项补偿项目土地补偿费、安置费、附着物和青苗费的基础上,增加补偿项目:社会保障费用、土地增值分成和其他费用。其中,增加的第一项即社会保障费用,这是基于土地的保障功能的一种替代的补偿,用于支付强制性的专业年金保险费。具体的金额,至少不低于按照养老保险最低的缴费档次 15 年的缴费额,或者精算出的若干年后保持 20% 的替代率的本金,体现在征地价格的总成本中。如果征地是公共利益的需要,那么这一部分由政府支付。如果征地是非公共利益的需要,则由用地单位支付。这样设计,也符合国土资源部发出的《关于进一步做好征地管理工作的通知》中规定的"谁用地,谁承担"的原则,符合"鼓励各地结合征地补偿安置积极拓展社保资金渠道"的文件精神。增加的第二项是土地的增值收益补偿。现行的土地管理制度中,失地农民对农用土地征用后由于用途的改变带来的增值收益,无权享受。大量的事实证明,土地转为非农用途后,往往会产生巨大的级差收益,但是,征地补偿标准没有考虑增值因素,剥夺了农民应得的土地增值权益。

① 高勇.城市化进程中失地农民问题探讨[J].经济学家,2004(1):47-51.

这种级差收益主要来源于土地的级差地租,作为土地的原有土地经营者的农民应该有权获得其中的一部分。所以,在征用土地的补偿中,失地农民应该享有部分土地增值收益。增加项目的第三项是其他费用,主要适用于失地农民适应新的生活、就业培训等费用支出。征地的单位应该从土地出让收益中抽取一定比例给失地农民作为一次性的补助,以减轻他们的生活压力,有利于他们顺利地向市民的转化。

二、失地农民享有土地征用后增值利益的分享权利

土地征用行为发生的过程,也是农用土地非农化趋势不断加大的过程,该土地上的农民也逐步失去土地。农用土地由于征用改变了用途后,土地的价格急剧上升,主要来自于外部的投资和经济发展的带动。有观点认为,农地改变用途后的价格飙升,是由于政府对相关基础设施投资的结果,农民没有权利获得土地增值的收益。这就说明了农民在土地权利方面的缺失,即农民只有农地的经营权,只能获取农业生产的收益,而没有土地的非农经营权,或者说没有土地发展权。当土地的用途因征用而改变后,农民就不能参与土地增值分配。这对失地农民来说,是极不公平的。①

正如本书第一章关于失地农民多层次养老保险体系的理论依据的分析中所阐述的,根据马克思地租理论和地租分配理论,级差地租Ⅰ是由于土地的肥力和位置差异而形成的;级差地租Ⅱ是在同一块土地上连续投入同量的资本而产生的生产率差别而形成的。级差地租产生的原因是由土地的稀缺性而产生的经营垄断。由于土地质量和地理位置的不同而形成的级差地租Ⅰ归土地所有者——集体组织;由于农民使用土地而追加投资形成的级差地租Ⅱ归农民。同时,地租的形成离不开国家的投入和建设,级差地租的一部分归国家所有。因此,国家可以机动灵活的利用和分配级差地租,进行分配,如用于社会保障和公共财政支出等。而土地被征用后产生增值的原因,是土地的地理位置、国家规划和开发投资等共同决定的,增值部分就包含了两种形式的级差地租。所以,增值部分的分配应该包括失地农民在内。通过失地农民参与土地增值收益的分配,可以弥补非市场价格补偿标准带来的巨大不公,以达到《物权法》(2007)中的足额补偿要求。

根据以上分析,土地增值的部分收益,可以通过以下方式分配给失地农

---

① 张润森,施国庆,乔祥利,曾雪婷.基于土地保障功能的征地补偿测算[J].城市问题,2009(2):92-95.

民：一是以货币的形式，从土地出让收入中按一定的比例提取，对失地农民进行一次性货币补偿；二是在余额中扣除一定的比例，大约 30％，作为失地农民社会保险专项基金的主要构成部分；用于调节失地农民的养老金水平，使其不至于因为通货膨胀而降低实际购买力，同时能盯紧社会平均工资的增长，使得老年的失地农民能够真正分享社会经济发展的成果。

三、明确土地补偿费用的归属和运用

我国目前的普遍做法是土地补偿费的大部分归集体组织，剩下的小部分归农民个人所有。由于集体经济组织在承包责任制实施以后，其往往处于虚化的状态，将大部分的征地补偿费归集体占有，会对个体利益的侵蚀，造成补偿费用的使用的低效和不公平。为了避免这种情况的发生，应该对土地补偿费用的归属和运用作明确的规定。集体经济组织是农村土地所有权的合法主体，应当占有征地补偿费用的一部分，作为集体公共财产，为每一个集体成员提供公共服务的资金来源。失地农民在征地中受到了直接的利益损失，应该获得补偿费用的相应部分作为对失去土地及其相关利益的补偿。

6.2 采用多元化的安置方式

根据第 2 章所述，我国目前对失地农民的多种安置途径，各有利弊。为了失地农民的可持续生计，除了公平合理的征地补偿外，还需要采取多元化的安置方式。在总结和分析多种安置方式的优势和劣势后，最基本的安置有货币安置和养老保险安置，在此基础上，各地根据具体情况，辅以其他适合的方式。

6.2.1 优先农业生产安置

根据 2010 年国土资源部的《关于进一步做好征地管理工作的通知》文件精神，强调要采取多元的安置途径，并且优先进行农业安置。

由于招工安置已经不适应市场经济的发展和现代企业制度的要求，失地农民必须自谋职业而衍生出新的安置办法。计划经济体制条件下，失地农民的安置全部由国家包揽并享受城镇居民所有的福利待遇。但是，市场经济条件下，随着现代企业制度的建立与完善，很多失地农民成为机构精简和人员分流的牺牲品。主要原因有:城市对人口的承载力不足;国有企业改革后,大量的企业员工下岗,致使就业竞争加大;很多城市的经济量有限,第二、三产业发展缓慢,无法吸纳大量的失地农民;更重要的是我国目前企业的产业结构升级,劳动密集型的企业逐渐被知识密集型的企业代替,能够提供的工作岗位减少。而且新兴工业是信息时代的产物,对从业人员的知识技能要求高,大部分失地农民由于个人教育水平所限,无法满足这些工作岗位的要求。在激烈的城市劳动力市场竞争中,失地农民处于不利的局面,就业后的失业率很高,达到了75%以上。[①]

进行农业生产安置,可以利用失地农民本身的有利条件,充分发挥他们的劳动技能,有效地解决生活和生产问题,同时缓解城市的就业压力。首先,在有些地方,由于村里的青壮劳动力都外出务工,留在家里的妇女、老幼无法进行正常的劳作,以致不少农村出现了土地撂荒现象。失地农民可以通过转租承包的形式,对这些土地进行集约化的农业经营。其次,失地农民可以利用转租的土地,进行专业性的种植或者养殖,形成特色农业,提高土地的经营效益,增加收入。再次,失地农民可以从事农业的深加工、运输和销售,延长农业生产的产业链条,增加农产品的附加值。对失地农民的农业生产安置,既可以做到成本最小化,又可以继续发挥农民的劳动技能优势,获得最大的经济效益。

6.2.2 土地入股安置:集体经济发达的东部沿海地区

在我国的东部沿海地区,许多农村集体经济比较发达,对于一些经营性的征地项目,可以采取土地入股的安置方式,通过土地折价入股或者租赁的方式,失地农民定期参与分红或者获得租金。以这种收益代替了土地增值收益的补偿。

实行土地入股安置方式,为了保证失地农民获得土地非农化后高的增值收益,首先要选择在经济条件好、交通便利而且企业用地量较大的区域。允许将集体资产实行合作股份改造,成为法人实体,并获得相关的税收、信贷等优惠政策,以稳定合作经济组织的收入来源,提高失地农民的生活来源。其次,要科学合理确定配股对象、股权设置和股份分红方案,做到有法

---

① 蒋永穆,戴中亮.我国失地农民安置补偿模式的重构[J].河南社会科学,2004(6):65-67.

可依、有章可循。要加快产权制度创新,允许股权内、外部自由转让,促进资产的社会化。最后,要制定相应的保障措施,将集体经济组织的收益与每个股民紧密联在一起,在村外建立特色农产品基地,在村内发展第二、三产业,吸收失地农民就业,为失地农民提供就业和生活保障。

6.2.3 换地安置:中西部小城镇的周边地区

根据 729 份对失地农民有效的关于安置意愿的调查问卷显示,希望实现土地置换的最高,达到 41.43%,其次是开展土地使用权合作经营,占 29.9%,安排工作岗位的占 8.23%。这说明在市场经济条件下,劳动力市场化,政府和用地单位都无法采用招工安置办法解决失地农民的就业问题。失地农民放弃在城市的工作机会,或者由于非正规部门和公益性岗位的就业失去了吸引力,或者稳定的高薪岗位高不可攀,体现出对拥有土地的强烈诉求。对于在城市劳动力市场竞争中明显处于劣势的部分失地农民来说,他们最理想的安置方式就是土地换土地,即使置换的土地偏远一些,肥沃程度稍差些,也比其他的安置方式容易接受。[①]

由于东部沿海地区的城市周边地区可开垦的未利用土地很少,以实现土地置换的征地补偿方式不太现实,只有在中西部地区土地资源较丰富的小城镇周边地区比较适合。

6.2.4 留地安置:城市近郊

留地安置这种办法,由于其具有明显的优势,比如通过以地补偿弥补征地补偿费用的不足,失地农民享有公正的权益分配并得到基本的生活保障,自从 20 世纪 80 年代初在深圳特区开始实践后,在全国迅速推广,浙江、上海、福建等省市都有不同的地市采用。作为给集体经济组织留地开发解决失地农民就业、保障长远收益的一项有效安置途径,这一方法受到广泛的支持。

目前的留地安置有三种方式:一是留用国有土地。在已批准征用的土地范围内留出 10%~15% 比例的土地,给原有土地上的集体组织按照城市规划和建设要求自行组织开发经营。土地的所有权属于国家,集体拥有使用权、经营权和收益权,并且可以在市场上进行流转。二是留用集体土地。

---

① 陈尔彪.被征地农民安置问题探讨——基于广东省的调查[J].中国行政管理,2012(6):87-91.

这种留用办法使用得不多,即在已批准征用但不作为国有土地的范围内,留出一定比例的土地给集体经济自行经营。不改变土地的所有者,保留了集体作为所有者的主体地位。但是,因为按照我国目前的土地管理法规,非农用建设用地不能在市场上流转,集体土地作为非农建设用地也不符合法律要求。三是在已批准征用的土地上,留出一定面积的建设用地指标,给集体组织使用这些指标,取得合法的土地开发经营权。在这种情况下,集体组织对这些留用的土地有两种选择:可以进行开发经营,也可以让土地进入市场进行有偿转让。

不管采取哪一种留用形式,都必须注意以下问题:统一对留用土地进行规划建设。留地安置的土地必须纳入统一的城市规划、统一建设序列,避免出现管理混乱问题。尤其要加快对"城中村"的民房建设制度的配套改革。如果选择留用开发经营时,要选择一些市场风险小、收益相对稳定的项目,按照市场经济发展规律,确保失地农民的基本生活和长期受益不受影响。

6.3 强化就业服务扶持

我国是一个人口大国,在相当长的时期内,初级劳动力市场都会处于供过于求的局面,就业竞争非常激烈。尤其是随着市场经济的深化,对失地农民的招工安置办法失灵,采取货币安置,农民自主就业的措施后,农民失地又失业的情况非常严重。2007年高君等对浙江杭州市郊10个村5年内被征地的200户居民调查结果显示,找不到工作的比例是36.4%。[①] 根据李富田(2005年)对中国东、中、西部1 537份的问卷调查表明,失地农民处于失业和半失业状态的比例分别是19.10%、31.06%和27.68%。[②] 按照人力资本理论的解释,就是人力资本与物质资本的配置失灵了。城市化进程中,政府没有考虑失地农民的就业问题,而是简单地把农民推向社会,使失地农民无法接受劳动力市场的挑选,导致最终把征地的货币补偿花光,出现失地

---

① 高君、汪清.城市化进程中失地农民就业问题研究——以浙江省杭州市为例[J].昆明理工大学学报,2010(1):65-70.

② 李富田.失地与失业:城市化进程中失地农民就业状况调查[J].江汉论坛,2009(2):125-129.

农民贫困化现象,形成新的城市贫困群体。所以,必须强化失地农民的就业服务扶持,提高人力资本,帮助他们实现人力资本与物质资本的有效配置,提高人力资本的投资收益,以保证失地农民的可持续生计。

6.3.1 建立城乡统一的劳动力就业市场

进行城市化的其中一个目标就是减少农民,把农民从土地中解放出来,实现市民化,享受经济发展的成果。农民市民化的重要前提条件是就业的社会化、非农化和充分就业。解决就业问题是为了确保失地农民的生活来源稳定,加快其生产生活方式的转变,建立城乡统一的劳动力就业市场,发挥市场在就业中的基础作用,打破城乡藩篱和所有制限制,实现包括失地农民在内的城乡劳动力自主就业、平等就业。这是解决失地农民就业的需要,也是实现城乡协调发展的需要。因为,就业城市化是失地农民市民化的一个重要标志,他们能够与城市居民一起享有就业平等权,保障其作为平等的劳动者身份和基本的权利,这也是他们寻求自身发展的重要条件。

6.3.2 加强就业培训服务和就业指导

失地农民之所以难以就业,或者就业后很快又失业了,主要是因为他们不能适应新的工作岗位,缺乏相应的劳动技能。所以,加大以职业技术、岗位技能为重点的就业培训,提高失地农民转岗再就业能力,是一项有效的措施。做好职业技能培训,有利于失地农民掌握一技之长,从而为失地农民尽快融入城市、走向更精彩的生活提供帮助。

一、指导与鼓励失地农民自主创业

针对有些失地农民在资金、技术和能力方面具备一定基础的现状,可以培训他们自主创业,培养其创业的基础知识和基本能力。通过创业带动更多的就业机会,形成培训、创业与就业的良性互动效应。政府对自主创业的失地农民采取工商、税务和小额信贷等方面的优惠政策,给他们营造良好的创业环境。成都市在鼓励、扶持失地农民自谋职业方面成为成功的范例。通过给予培训、税费优惠和资金信贷支持,成都"孵化"出许多小企业。从2002年7月至2005年12月,举办"创办自己的企业"培训班,共培训了14 451人,4 199人成功创业,并为社会提供16 427万人的岗位,另外有

4 437人自谋职业成功。[①]

二、加强就业技能培训

欧美发达国家都非常重视教育和职业培训在社会保障中的作用。在美国,如果要申请政府救济,首先必须接受某种职业的培训。通过职业培训,提高了劳动者素质,有利于劳动者重新就业。尤其是存在结构性失业的时候,根据新岗位的需求,有针对性地更新劳动者的知识结构,培养新的技能,在一定程度上可以缓解失业情况。失去土地的农民在被动地迁入城镇后,由于他们缺乏受教育和培训的机会,文化素质和知识技能低下,很难参与劳动力市场的竞争,找到适合自己的工作。为失地农民提供教育和培训的机会,可以指导他们转变观念,改变被动等待和依赖的态度,促成其就业的积极主动性。通过培训,提高失地农民的综合素质,增大其就业的可能性,有利于其保持稳定的收入来源,保证生活水平不至于下降。

三、提供公益岗位或者扶持非正规就业

首先,由政府出资购买部分公益岗位,比如保洁、保绿、保安等,开展社区服务岗位,失地农民享受国有企业下岗职工再就业同等的待遇,政府在税收、就业途径等给予政策性的扶持。其次,鼓励失地农民进行非正规就业。在对失地农民的培训中,如果投资对象选择不当,或者人力资源与物质资源配置不当,由于人力资本效力的差异性,会导致人力资本失灵。这是就要采取针对性的措施,鼓励就业困难者非正规就业。因为其只需要较低的技能使用水平。非正规就业是国际国内解决困难人群就业的主要途径。根据联合国开发计划署提供的数据,临时性的工作在总的就业机会中所占的比例越来越大,在 10 个发达国家中,从事这种工作的人已占到就业总人数的20%。[②] 我国的部分地区失地农民培训失灵,非正规就业成为最终的选择。比如在一些非全日制、非固定单位、临时性和季节性工作等实现非农就业,既可解决失地农民的就业,又可促进城市发展。

6.3.3 建立就业信息网络,提供就业信息

通过调查可知,就业渠道的不畅通是造成失地农民就业困难的重要原

---

① 罗蓉.中国城市化进程中失地农民可持续生计问题研究[D]. 成都:西南财经大学,2008.

② 依莎贝拉.人人有工作:社会发展峰会之后我们学会了什么?[J].国际社会科学杂志(中文版),17(04):67.

因之一。在已经就业的人员中,超过50%的人是通过亲戚、朋友、老乡等非正规途径获得用工信息的。因此,疏通就业渠道,完善就业服务,能够使失地农民尽快找到合适的工作,最大限度地减少失地农民盲目和无序的流动。应建立以市、县两级劳动市场为中心,以街道、乡镇为服务站网点的就业服务网络,实现用工信息共享。政府部门应该免费为失地农民提供求职登记、职业指导、职业介绍等一系列服务,及时、准确地提供信息,并提供相关的行政服务,从而大大降低失地农民盲目找工作的风险和流动资本。同时把就业服务的覆盖面扩大到乡镇、村,使失地农民享受更直接、更方便的就业服务。同时,还要积极鼓励失地农民之间的就业信息传递,这种来自第一线的就业成功的真实信息,可以激发他们的就业勇气,也有利于失地农民尽快适应新的工作岗位。[1]

6.3.4 拓展非农就业空间

发展经济,尤其发展乡镇企业,是拓展失地农民非农就业空间的有效途径。因为,随着县城和建制镇的户籍全面放开,使小城镇成为吸纳人口的聚集地。大城市周边的卫星城镇发展很快,乡镇企业集中,失地农民可以在乡镇企业就业。相对于大城市,生活成本较低,交通也相对便利,而且距离居住地较近,适合失地农民的生存和发展。根据国外研究成果显示,乡镇企业每提供一个就业岗位,就会产出1.73个第三产业就业机会。可见发展乡镇企业,可以发挥最大限度地吸纳农村剩余劳动力的功能。同时,小城镇人口的不断聚集,可以开始发展交通、通讯、保险、金融、公共事业等行业,大城市的聚集效应向周边的小城镇辐射,带动旅游、房地产等的消费,成为新的经济增长点,增加了就业岗位,实现良性循环。

6.4 失地农民基本养老保险与相关养老保险制度的衔接

失地农民的养老保险体系中包含了多个层次,其中第一层次的基本养老保险要考虑与我国其他相关的养老保险制度的衔接。第二、三层次属于

---

① 黄襄.以就业推动失地农民的安置[J].经济问题探索,2009(1):27-31.

商业保险,如果需要接续转移的话,可以通过保险公司内部的业务转移。

由于我国的养老保险制度最早的时候处于严格的城乡二元结构格局,只有城镇职工养老保险和农村养老保险,两者的缴费基础、运行模式和保险待遇都相差很大。鉴于我国要在 2020 年达到养老保险全覆盖的目标,理论界和各地的实务部门也在探索如何健全我国养老保险体系问题。所以,出现了农民工养老保险、失地农民养老保险和城镇居民养老保险等多种制度并存情况,目的是在这些人群中间建立一种过渡性制度,找到衔接城乡养老保险制度的突破口。于是,形成了我国的养老保险体系条块分割、处于碎片化的状态。根据我国建设城乡一体化的社会保险体系的设想,这种条块分割的局面将会被一体化的体系所代替。同时,随着城乡劳动力市场的形成,人员流动比较大,要在养老保险制度中针对不同人员的情况,制定切实可行的衔接办法,使各类人才无论流动到哪里,都能保持国家法律和政策规定的权益。本着综合平衡、前瞻性和制度衔接的可操作性原则,才能对促进人才合理流动起到充分的保障作用。

6.4.1 失地农民基本养老保险与其他养老保险制度衔接的基本思路

失地农民基本养老保险与其他养老保险制度的衔接,可以借鉴国际国内的成功经验。国际上,欧盟各国之间的养老保险关系的接续转移很有代表性。劳动力自由流动是欧盟的一项基本原则,劳动者可以在任何一个成员国工作或者退休。欧盟立法规定了各成员国养老保险转移接续的具体办法:一是全面覆盖,即劳动者至少会被其中一个成员国的社会保障计划所覆盖,使其养老保险及其他的社会保险福利能够得以保障。劳动者可以只执行一个成员国的养老保险政策。二是保险记录连续累加,劳动者在各成员国的缴费年限应当得到连续累计、全部计算。三是保险待遇分段计算,劳动者所获得的养老保险待遇为在各成员国工作期间按其缴费年限所应得养老金之和。

在国内,上海的各种养老保险制度的衔接也非常成功。2004 年以前,上海市就已经建立了居民的城镇、小城镇和农村养老保险制度,为了促进人才的合理流动,上海市探索并实施了不同的养老保险制度之间的衔接机制。大概的思路是:从农保转至城保、镇保的,农保每一缴费年度的单位和个人缴费总额按同年城保和镇保规定的基数和缴费比例确定标准折算后,计算其城保或者镇保的缴费年限,个人账户的金额多退少补。从城保转至镇保或者农保的,其城保的缴费年限为镇保或者农保的缴费年限,多出来的个人账户的余额可以转入镇保的补充养老保险账户或者一次性领取。这样,就比较公平合理地保护了各类人员的不会因为流动而受到权益的损害。[①] 江西省的修水县、万年县和铅山县等也做了有益的尝试。

失地农民基本养老保险分别与城镇职工养老保险和城乡居民养老保险之间的衔接,并不是其中一种制度把另一种制度合并或者整合,两种制度合二为一,非此即彼。也不是把其中一种制度的承保范围全覆盖另一种制度,或纳入其中一种制度。而是在两种制度之间寻找一个通道,连接起来,一种松散式的衔接。[②] 也就是在多种养老保险制度之间随着人员的流动,养老保险关系可以接续转移。

6.4.2 失地农民基本养老保险与城镇职工养老保险制度的衔接

因为失地农民大多生活在城郊,而且将来也要市民化,有可能这部分人将来在城镇就业,而且获得稳定的工作收入,可以顺理成章地参加城镇职工养老保险。失地农民在投保时无论一次性或者分期缴纳保险费,可将其个人账户资金抵缴企业养老保险的个人缴费或单位缴费,按照不低于15年的职工缴费额,折算缴费年限,个人账户多的退还,少的补缴。退休时享受城镇职工同等的退休待遇。

6.4.3 失地农民基本养老保险与城乡居民养老保险制度的衔接

失地农民进入城镇非农化的就业和生活后,成为城镇居民。所以,失地农民的基本养老保险要与相关的制度进行对接,主要是与城乡居民养老保险的对接。它们有着一些共同的基础:基本养老保险统筹部分养老金的保障水平相当。这种衔接方式适合于失地后没有稳定就业的部分人员。其中,个人账户部分养老金的计算方法一样,根据个人账户积累额加上投资收益,除以139。社会统筹部分,两者都是中央政府补贴基础养老金,地方政府补贴增加的基础养老金。两种制度的衔接易于操作,也比较简单。

如果失地农民不愿意纳入城乡居民养老保险或者城镇职工养老保险,又处于流动的工作状态的话,还可以借鉴欧盟国家的养老保险转移接续办

---

① 陈心德、苑立波.养老保险:政策与实务[M].北京:北京大学出版社,2008:88-91.

② 樊小钢.城乡社会保障制度衔接模式探讨[J].浙江社会科学,2004(4):106-109.

法,在不同省市之间转移接续。

6.5 鼓励家庭养老以及提供
非缴费性的养老保险

6.5.1 鼓励家庭养老

家庭养老由于其成本低,能够满足老年人的多种需要而在老年生活中具有不可替代的作用。政府干预养老问题并不完全排斥非正式的养老保险制度。因为政府干预解决养老问题有许多原因而且政策有各式各样。

一、出台政策鼓励成年子女与父母共同生活

国际上有许多国家鼓励家庭养老的规定,比如,马来西亚对成年子女与父母同住者给予优惠和减免其父母医疗费的附加税,并享受少量的生活津贴。一些工业国和发展中国家比如澳大利亚、法国和瑞士,政府规定根据家庭生活状况调查给老人提供现金、实物、服务和住房等帮助。在新加坡,那些愿意赡养老年亲戚的家庭可以优先分住房,瑞典提供住房补贴。在加拿大、法国和英国提供休息护理。在以色列和新加坡,对那些赡养父母或为社区其他老人提供资助者给予减税优惠。在印度教和其他东南亚国家,子女有责任照顾其年迈的父母,75％以上的老人和他们的子女生活在一起,大家庭体系仍然是最重要的养老体系。非洲国家的老人绝大多数生活在大家庭里,可经常得到子女送的财物和生活照料。日本是唯一的大多数老人与其子女共同生活的高收入国家,韩国和中国台湾地区的老年人和子女共同生活的比例也很高,占45％以上。这些政策通过不同的方法,使人们容易承担赡养老人的任务。事实证明,在低收入地区,非正式制度可能比正式制度运转更好,因为家庭在教育和投资提供比需要缴费的养老保险更好的养老保障。①

非正式养老保险继续发挥作用的原因是在大多数亚洲文化中深深印在人们脑中的忠孝观念。在中国,这种忠孝观念已有3000多年的历史,已成为文化的基石,政府提倡或鼓励家庭照顾老人。

---

① 劳动部社会保险研究所译.防止老龄危机——保护老年人及促进增长的政策[M].北京:中国财政经济出版社,1996:20-46.

二、注重老年人的精神赡养

中国由于现代化建设,城市化和工业化发展,使人口不断从农村往城市迁移,家庭核心化和小型化,土地和家庭的保障功能弱化,老人在家庭中威信降低,他们对财力的控制减少,在一定的经济条件下,老年人的精神赡养需求增加。在人口老龄化背景下,老年空巢化正以前所未有的速度增长。目前,我国约有2/3老年家庭生活在空巢状态。心理学研究表明,家中没有儿女、亲人相处,独自留守空巢的老人,其精神和心理上很容易出现危机。但是有超过半数的儿女对老年人的精神赡养不够重视。[①] 因此,家庭养老的侧重点是精神养老。

根据老年人三大精神需求,即自尊的需求、期待的需求和亲情的需求,要尽量满足,以提高老年人的生活质量和生命质量。一方面,通过家庭和社区支持,为老年人提供活动空间、人文关怀和发展的机会,使老年人实现积极养老;另一方面,提倡老年人精神自养。由于精神赡养不足导致老年人的精神孤独和内心苦闷会越来越多,精神赡养不仅需要子女一代的付出,还需要老年人在力所能及的范围内,自立自助,自强自理,创造一种新的老年文化,这是积极老龄化的主要体现。2012年修订的《老年人权益保障法》[②]中,针对老年人精神赡养需求增加的实际,充实了精神慰藉的规定,体现出国家对老年人精神养老的重视。

6.5.2 提供非缴费性的养老保险

非缴费性的养老保险,也称社会救助或者最低生活保障。最低生活保障是每一个公民享有的最基本权利。因此,必须重视失地农民最低生活保障制度的建立。失地农民作为城市化发展中产生的特殊群体,对于不能自我生存的失地农民,比如因经济困难无法投保,老弱病残人员失地后生活失去保障无力缴纳养老保险费;长期以来家庭困难、人口多的失地农民生活负担重,没有能力缴纳保险费等人群,国家有责任将其纳入最低生活保障体

---

① 穆光宗.独生子女家庭非经济养老风险及其保障[J].浙江学刊,2007(3):10-16.

② 全国人大常委会2012年12月28日表决通过新修改的《老年人权益保障法》,明确规定家庭成员应当关心老年人的精神需求,不得忽视、冷落老年人。与老年人分开居住的赡养人,应当经常看望或者问候老年人。用人单位应当按照规定保障赡养人探亲休假的权利。

系。最低生活保障作为一种社会救助,目标是克服现实中的贫困问题,按照法律规定,当公民不能维持最低生活水平时,由国家和社会按照法定的标准向其提供物质帮助。在失地农民这一群体中,正是由于社会经济发展需要,实现城市化和工业化过程中农用土地被非农化后失去土地,由于各种各样的原因,使得部分人生活贫困。当失地农民基本生活难以为继,经济压力和心理负荷累积到相当程度时,就会产生社会问题,甚至产生严重的社会矛盾。这时,就要求政府建立最低生活保障制度,使他们在心理上具有安全感,从而缓和社会矛盾,为经济建设创造良好的社会环境。实际上,最低生活保障制度所起到的作用,在社会心理方面比在物质方面的作用更大。

在我国目前实施的城市居民最低生活保障和农村居民最低生活保障制度里,生活困难的失地农民并无法享受到。有些省市针对生活困难的老年失地农民,采取基本生活保障的措施,资金来源于部分的征地补偿费,或者土地出让金的一定比例,"羊毛出在羊身上"。失地农民还是靠土地换来的保障,并不是来源于财政预算,仍然被排除在国家财政转移支付的最低生活保障之外。

非缴费性的养老保险计划最早出现在 19 世纪晚期的丹麦,其适用对象是 60 岁以上的贫困老年人。后来陆续地有欧洲、非洲和拉美等国家实施这种制度。此制度把有限的转移支付用到最需要帮助的人身上,充分体现了社会保障制度讲究公平的原则,具有极强的收入再分配功能,特别有利于低收入阶层。国际上实施非缴费性养老保险的国家大约有 23 个,包括毛里求斯、巴西、纳米比亚、智利、哥斯达黎加、印度、乌拉圭等 18 个发展中国家和荷兰、加拿大、冰岛、丹麦、挪威等 5 个发达国家。非缴费性的养老保险对发展中国家的效用特别明显。它不仅有利于促进社会保护面的扩大与社会保护功能的扩展,而且还可以被看成是对老年人所在的扩展家庭的一种转移支付,提高贫困家庭的应对赤贫风险和流行病等不利风险的能力,最大限度地减少老年贫困。南非和巴西等国的非缴费性养老保险使得国家的贫困率降低 5%。不仅如此,非缴费性的养老保险还可以改进养老金受益者的身体健康状况,对这些家庭孩子的教育和健康等产生了积极的影响。非缴费性的养老保险的资金来源主要是政府的财政支出,也有部分的发展中国家整合了社会保险制度,从社会保险基金中融入。[①]

---

① 林义.社会保险[M].北京:中国金融出版社,2010:168-171.

7. 结论及展望

7.1 本书的基本结论

本书着重于从宏观角度对构建失地农民多层次的养老保险体系进行研究。通过综合运用保险学、社会保障学和福利经济学等跨学科的研究、实证研究与规范研究相结合、国内国外的横向比较和国内的历史比较相结合、逻辑分析等研究方法,得出了以下结论:

第一,土地对于农民具有多重的保障功能与效用。土地的保障功能体现为产出、就业、养老、继承和流转获利等方面的保障,因而,土地对农民具有多重效用。失去土地后,农民陷入极度困境:基于土地原有的保障完全丧失,就业困难,收入来源不稳定,也无法享受城镇居民的社会保障福利政策,社会地位低,抗风险能力弱。失地农民与农民工和农民相比较,养老风险显性化,最需要获得养老保险的保障。

第二,我国失地农民产生的背景主要是城市化发展需要征用农地。在我国,城市化的进程主要依靠政府行为作动力机制,再加上受城乡双重机制的严重制约,使城市发展不能创造出足够的就业机会吸收农村剩余劳动力。这种由行政力量而不是内生性的城市化,缺乏良好的经济基础,使城市的承载力不足,因而产生失地农民的安置及未来生存问题和养老问题。虽然政府曾经实施多种失地农民安置政策,最后以一次性货币安置为主,但这种"一脚踢"的方式由于补偿费低和缺乏对失地农民的妥善安置而产生了诸多的失地农民问题。相反,国外同样存在由于城市化需要不断征用农地而产生大量失地农民的情况。但是,由于这些国家征地政策偏向于保护失地农民权益,给予足够的补偿,同时,城市化的进程伴随经济发展,失地农民要么直接进入城市享受城市居民的所有福利政策,要么享受配套的养老保险保障,养老问题得到妥善解决。

第三,我国失地农民的养老问题具有特殊性。农民失地以后总体生活水平下降导致抗风险能力减弱,传统的养老保障功能迅速弱化,人口老龄化加剧了养老风险。之所以产生失地农民养老问题的特殊性,一是现行的土地管理制度存在缺陷导致失地农民权益缺失,比如公共利益界定不明确、采用产值倍数法征地补偿太低、农民享受不到土地改变用途后的增值部分利益以及土地补偿费分配不合理。二是征地过程中政府承担了多重角色。从征地、转让土地,到征地纠纷的处理,政府始终处于强势地位。这种政府职责错位直接侵害失地农民的权益,再加上城乡养老保险二元结构,造成失地农民养老保障缺失或者保障不足。

第四,现行的失地农民养老保险措施存在诸多不足。目前,在实施的多种模式的失地农民养老保险政策中,以独立的失地农民养老保险为主。由于缺乏统一的组织管理与监督,各地实施不同的地方政策,保障水平偏低,地区差异性大,而且缺乏养老金调节机制。更为严重的是,养老保险基金筹资渠道不畅通,严重影响养老保险的可持续性。

第五,应构建具有中国特色的失地农民多层次养老保险体系。鉴于失地农民养老问题的特殊性,为失地农民设计一个有弹性的多层次养老保险体系基于以下的必要性与可行性:失地农民养老保险的特殊性、政府的职责、满足失地农民养老的不同层次的保障需要、实现风险共担以及更好地发挥商业保险的优势。构建三层次的失地农民养老保险体系包括:第一层次强制性的基本养老保险,第二层次强制性的专业年金,第三层次自愿性个人储蓄养老保险。其中第一层次的基本养老保险实行社会统筹与个人账户相结合的模式,第二、三层次实行完全基金积累制的个人账户。在整个养老保险体系,实行统一的组织与管理,筹资渠道多元化:基本养老保险实行政府、集体和个人三方筹集,专业性年金由用地单位全部出资;第二层次采用一次性的缴费方式,具有合理性和可操作性。

第六,失地农民多层次的养老保险体系的运行需要相应的微观基础。一是建立科学的筹资机制。二是确立合理的保障水平:基本养老保险保障水平盯紧社会平均工资,替代率为 40% 左右,补充养老保险的强制性专业年金替代率为 20% 左右,这样确保强制性的养老金水平有 62% 的替代率。三是强化基本养老保险个人账户基金的管理,个人账户基金的投资运营市场化,提高基本养老保险金的未来支付能力,以提高基金积累制的有效性。

四是通过多元化的途径拓展商业养老保险市场：出台税收优惠政策，激发用地单位和个人投保积极性，提升保险公司的年金产品创新和资产负债管理能力等。

第七，失地农民多层次养老保险体系的运行需要良好的宏观经济环境。本书提出相应的配套对策优化宏观环境：一是改革与完善土地管理制度，明确公共利益的范围以及确定土地产权归属以规范政府的征地行为，建立公平合理的征地补偿机制以保证失地农民的权益；二是采取多样化的安置方式，根据失地农民的具体情况，实施农业安置、换地安置、土地入股安置、留地安置等；三是强化就业服务扶持以维护失地农民的生存权和发展权；四是通过鼓励家庭养老，注重老年人的精神赡养，提供非缴费性的养老保险，防止老年贫困。

第八，失地农民基本养老保险制度应与其他相关养老保险制度相衔接。根据我国建设城乡一体化的社会保险体系的设想，多种养老保险制度的衔接是一个必然趋势，以便于适应人才流动和保障养老权益的需要。可以借鉴欧盟成员国养老保险转移接续的办法，或者上海失地农民养老保险与其他相关养老保险制度衔接的经验，实现失地农民基本养老保险与城镇职工养老保险和城乡居民养老保险的衔接。

7.2 未来研究展望

本书试图为中国失地农民多层次的养老保险体系构建提供研究框架，从失地农民养老问题的特殊性出发，借鉴国外对失地农民安置政策及养老保险制度，全面分析了构建失地农民多层次的养老保险体系的必要性、具体框架设计以及保证措施和配套措施。对于本研究未来的展望，笔者比较乐观。同时，笔者努力搜集资料，深入研究，但仍感存在一定的局限性，有很多问题有待进一步的研究。

第一，关于失地农民的养老权益保障问题。根据 2012 年中央经济工作会议和 2013 年两会工作报告的精神，都提出要积极推进健康城市化建设，有利于对失地农民养老等问题的解决。中央经济工作会议提出，要"积极稳妥推进城镇化，着力提高城镇化质量"、"要把有序推进农业转移人口市民化作为重要任务抓实抓好"。其中推进农业人口转移市民化和提高城市化质量就是要对失地农民做好权益保障和相关的社会保障问题，以后对这方面的研究会加强。

第二，关于保障水平及调节机制问题。为了保证基本的养老金待遇水平和收入的实际购买力，本书建立了基本养老保险层次中社会统筹的筹资模型。同时建议保障水平盯紧社会平均工资，要求筹资水平比现行的政策高出许多。根据目前的国家经济政策精神，这一模型更具操作性。根据2012年党的十八大文件精神，提出"要加大统筹城乡发展力度，逐步缩小城乡差距，促进城乡共同繁荣。坚持工业反哺农业……让广大农民平等参与现代化进程、共同分享现代化成果"、"改革征地制度，提高农民在土地增值收益中的分配比例"、"要全面建成覆盖城乡居民的社会保障体系，整合城乡居民基本养老保险和基本医疗保险制度……建立兼顾各类人员的社会保障待遇确定机制和正常调整机制"。由此可见，失地农民作为城乡和谐发展的其中重要群体，日益受到重视，其养老问题也得到了解决。2012年11月29日的《京华时报》(北京)报道，国务院通过土地管理法修正案(草案)，对农民集体所有土地征收补偿制度作了修改，修改内容是提高补偿标准。有专家估计，修改后的征收补偿标准至少会提高到现在的10倍。关于失地农民养老保险资金来源更丰富、规模更大，对养老金的水平和调节机制是一个有力的保证。

第三，关于多层次体系中各层次的协调发展问题。这其实也是养老保险体系中政府与市场作用的发挥问题。本书通过各层次承担的收入替代率来体现它们在保障水平的互相协调，然而这种理想的状态在具体操作中很难把握。除了在保障水平和保障功能的相互协调之外，可能还可以从其他方面考虑，或许更有效，这是值得后续研究的问题。

第四，关于失地农民基本养老保险制度与其他相关养老保险制度的衔接问题。根据十八大报告中提出要整合城乡居民基本养老保险和基本医疗保险制度，2014年先后统一了新农保与城居保、企业职工养老保险与机关事业单位养老制度，分别成立城乡居民养老保险和城镇职工养老保险。从政府到实务部门，都开始重视我国多种基本养老保险的衔接问题，关于失地农民养老保险与其他养老保险制度的衔接，在理论研究方面应该会有所创新。

第五，关于基本养老保险个人账户基金的保值增值问题。为了提高基本养老保险个人账户基金的抗通胀能力，最大限度地实现保值增值，本书建议进行市场化运作,持相同意见的有胡雅君(2010)和李珍(2007)。因为这一问题需要成熟的国家金融市场与良好的经济宏观环境,是一个非常复杂的工程。有关引入市场机制的具体法规出台、市场化运作模式和监督管理以及具体操作规程,都需要多个部门的配合与协调,这方面的理论研究需要进一步加强。

参考文献

中文部分

1.鲍海君,吴次芳.论失地农民社会保障体系建设[J].管理世界,2002(10).

2.蔡继明.中国征地制度改革的三重效应[J].社会科学,2006(7).

3.蔡霞.中国农村土地的社会保障功能分析[J].广西经济管理干部学院学报,2010(1).

4.陈心德,苑立波.养老保险:政策与实务[M].北京:北京大学出版社,2008.

5.陈文辉.建立多支柱的养老保障体系——俄罗斯、波兰的养老保障体系及其启示[J].中国金融,2008(8).

6.陈绍军,彭铃铃.南京市失地农民基本养老保险给付水平分析[J].中国发展,2010,(03).

7.陈征.土地价值论[J].福建论坛(人文社会科学版),2005(2).

8.陈尔彪.被征地农民安置问题探讨——基于广东省的调查[J].中国行政管理,2012(6).

9.丁少群.工业化国家的"三柱式"农村养老保障体系及其评价[J].世界农业,2004(6).

10.丁红娟,史健勇.关于养老保险"统账结合"模式的思考——从替代率和多支柱的角度[J].北方经济,2009(6).

11.董克用,王燕.养老保险[M].北京:中国人民大学出版社,2000.

12.段玉洁,李翔.浅析失地农民就业情况[J].中国市场,2010(3).

13.樊小钢.城乡社会保障制度衔接模式探讨[J].浙江社会科学,2004(4).

14.付秋实.养老保险市场的"外热内冷"[N].金融时报 2012-02-01:012.

15.高珮义.中外城市化比较研究(增订版)[M].天津:南开大学出版社,2004.

16.高勇.城市化进程中失地农民问题探讨[J].经济学家,2004(1).

17.高君,汪清.城市化进程中失地农民就业问题研究——以浙江省杭州市为例[J].昆明理工大学学报,2010(1).

18.国务院研究室课题组.中国农民工调研报告北京[R].中国言实出版社,2006.

19.韩俊.很多地方,政府成了一个卖地的大公司,这是不正常的.人民日报[N].2010-12-27.

20.韩俊.失地农民的就业与社会保障[J].科学咨询,2005(13).

21.何文炯.社会保障制度改革与寿险业发展——兼论寿险业发展的新增长点[J].浙江大学学报(人文社会科学版),1999(6).

22.胡秋明.多层次养老保险制度协调发展探讨[J].财经科学,2000(3).

23.胡国富,杨雪萍.关于商业保险先行介入失地农民养老保险的几点思考[J].资料通讯,2003(10).

24.胡雅君.养老保险个人账户基金管理办法起草 或可海外投资[N].21世纪经济报道,2010-12-10.

25.黄小虎.关键在转变政府职能——依法保障农民土地财产权益[J].中国土地,2003(2).

26.黄英君,蒲成毅.商业保险与社会保险的互动——一个文献综述[J].江西财经大学学报,2007(5).

27.黄智饶.广东失地农民社会养老保险制度模式研究[J].南方农村,2007(6).

28.黄寰.以就业推动失地农民的安置[J].经济问题探索,2009(1).

29.侯妍珂.美英日养老保险市场发展及启示[J].中国保险,2012(5).

30.纪昌品,欧名豪,汤鸿.基于土地生产功能差异的征用补偿制度完善的思考[J].国土资源科技管理,2007(4).

31.蒋永穆,戴中亮.我国失地农民安置补偿模式的重构[J].河南社会科学,2004(6).

32.金兆怀,张友祥.失地农民的权益损失与保障机制分析[J].经济学动态,2006(06).

33.金晶,张兵.城市化进程中失地农民的安置补偿模式探析——基于江苏省 16 县(市)320 户失地农民安置补偿模式的调查分析[J].城市发展研究,2010(5).

34.劳动和社会保障部社会保险研究所组织翻译,贝弗里奇报告[M].北京:中国劳动社会保障出版社,2008.

35.劳动部社会保障研究所译.防止老龄危机——保护老年人及促进增长的政策.[M]北京:中国财政经济出版社,1996.

36.劳伦斯.汤普森.老而弥智——养老保险经济学[M].孙树菡,译.北京:中国劳动社会保障出版社,2003.

37.李树挺.中国社会保险问题与对策研究[M].北京:北京航天航空大学出版社,1994.

38.李珍,王海东.基本养老保险目标替代率研究[J].保险研究,2012(1).

39.李珍.论建立基本养老保险个人账户基金市场化运营管理制度[J].中国软科学,2007(5).

40.李珍.多元化——养老社会保险基金管理的合理选择[J].经济评论,2001(6).

41.李富田.失地与失业:城市化进程中失地农民就业状况调查[J].江汉论坛,2009(2).

42.李佳,陈世金.河北省被征地农民养老保险制度模式分析[J].人口与经济,2011(2).

43.李明月,胡竹枝.广州市失地农民安置的调查与思考[J].宏观经济研究,2009(8).

44.李长远,陈贝贝.论构建城乡融合的失地农民养老保险制度[J].河北科技大学学报(社会科学版),2007(2).

45.林义.社会保险制度分析引论[M].成都:西南财经大学出版社,1997.

46.林义.社会保险(第三版)[M].北京:中国金融出版社,2010.

47.林义.西方国家社会保险改革的制度分析及其启示[J].学术月刊,2001(5).

48.Robert Holzmann,Richard Hinz.21 世纪养老保险改革展望[J].林义,李静,译.经济社会体制比较,2006(3).

49.林毓铭,龚党非.世界呼唤多支柱的养老保险体系[J].上海保险,

1996(6).

　　50.廖小军.中国失地农民研究[M].北京:社会科学出版社,2005.

　　51.梁鸿.中国农村现阶段社区保障的经济学分析[M].上海:百家出版社,2000.

　　52.刘子操.建立有商业保险参与的失地农民社会保障体系[J].哈尔滨商业大学学报(社会科学版),2005(5).

　　53.刘晓霞.我国城镇化进程中的失地农民问题研究[D].东北师范大学,2009.

　　54.刘纯彬.二元社会结构:分析中国农村工业化城市化的一条思路[J].经济研究参考资料,1989(171,172).

　　55.楼喻刚,金皓.城市化进程中土地被征用农民养老保障问题初探[J].西北人口,2002(1).

　　56.卢海元.被征地农民社会保障工作的基本情况与政策取向[J].社会保障研究,2009(01).

　　57.卢海元.土地换保障:妥善安置失地农民的基本设想[J].中国农村观察,2003(6).

　　58.卢海元.建立健全被征地农民社会保障制度的理论思考与政策建议[J].经济学动态,2004(10).

　　59.卢晓平.应对通胀及老龄化 国寿布局商业养老保险市场[N].上海证券报 2010-09-0:A03.

　　60.陆峰,王敏琦,刘昕晰.发达经济体失地农民养老保险比较研究[J].上海保险,2011(5).

　　61.陆艳云,许金辉.城市化进程中失地农民的社会保障问题[J].法制与社会,2007,(8).

　　62.鲁全.中国社会保障改革与发展战略项目研究成国际研讨会综述[J].经济学动态,2011(4).

　　63.罗蓉.中国城市化进程中失地农民可持续生计问题研究[D].成都:西南财经大学,2008.

　　64.李绍光.养老金制度与资本市场[M].北京:中国发展出版社,1998.

　　65.马克思恩格斯全集(第2卷)[M].北京:人民出版社,1995.

　　66.马克思恩格斯全集(第25卷)[M].北京:人民出版社,1974.

　　67.马克思恩格斯全集(第23卷)[M].北京:人民出版社,1972.

68.马伊里.从土地保障到社会保障的转变与跨越——上海浦东新区征地安置实践[C]//楼培敏,主编.中国城市化:农民、土地与城市发展.北京:中国经济出版社,2004.

69.迈克尔·M.赛尼.移民、重建、发展——世界银行政策与经验研究(二)[M].水库移民经济研究中心,编译.南京:河海大学出版社,1998.

70.[美]斯蒂格利茨.政府为什么干预经济[M].北京:中国物资出版社,1998.

71.孟庆平.养老保险市场化改革:国际经验与中国政策选择[D].济南:山东大学,2008.

72.孟庆平.中国补充养老保险的发展空间分析与制度环境设计[J].南方金融,2010(1).

73.孟昭荣.失地农民养老保险的路径选择[J].河北农业科学,2009(9).

74.缪保爱.我国失地农民基本养老保险问题探析[J].淮南师范学院学报,2008(3).

75.穆光宗.独生子女家庭非经济养老风险及其保障[J].浙江学刊,2007(3).

76.钱凤魁,王秋兵.建立和完善失地农民多途径安置模式研究[J].安徽农业科学,2006.34卷(23).

77.秦士由.利用商业保险机制优化被征地农民养老保障运作模式[J].保险研究,2008(1).

78.任素华.关于我国城市人口迁移情况的浅析[J].社会学研究,1988(4).

79.饶雪梅.城市化进程中被征地农民养老保障问题研究[D].南昌:南昌大学,2007.

80.世界银行.老年保障——中国的养老保险体制改革[M].北京:中国财政经济出版社,1998.

81.宋莉莉.我国被征地农民利益补偿与保障机制研究[D].大连:大连理工大学,2006.

82.宋国明.境外土地征用赔偿制度概览[J].国土资源,2003(10).

83.宋明岷.失地农民养老保险模式设计——福利诱导型储蓄积累模式[J].福建师范大学学报(哲学社会科学版),2009(3).

84.苏.B.ч.乌尔拉尼斯.世界各国人口手册(中译版)[M].北京:商务印

书馆,1982.

85.单琰秋.发展补充养老保险,建立多层次养老保障体系[J].宜宾学院学报,2006(4).

86.世界银行.防止老龄危机:保护老年人及促进增长的政策[M].劳动部社会保险研究所,译.北京:中国财政经济出版社,1997.

87.苏华,肖坤梅.掘金商业养老保险市场[J].上海经济,2008(4).

88.孙蓉.中国商业保险资源配置论——机制设计与政策分析[M].成都:西南财经大学出版社,2005.

89.孙蓉.保险学原理(第三版)[M].成都:西南财经大学出版社,2010.

90.孙蓉,彭雪梅,胡秋明,等.中国保险业风险管理战略研究——基于金融混业经营的视觉[M].北京:中国金融出版社,2006.

91.孙蓉.保险资源配置中的政府与市场[J].保险研究,2008(5).

92.孙静.多支柱养老社会保障的责任分担机制研究[J].财政研究 2005 (7).

93.孙利,林丹.双重二元经济条件下失地农民补偿问题研究[J].当代经济,2008(12)下半月.

94.唐李华.城市化进程中失地农民养老保障问题研究[D].长春:吉林大学,2009.

95.童驭.浅析养老保险个人账户基金的管理运营[J].淮南职业技术学院学报,2011(3).

96.王国军.社会保障:从二元到三维——中国城乡社会保障制度的比较与统筹[M].北京:对外经济贸易大学出版社,2005.

97.王克强.中国农村集体土地资产化运作与社会保障机制建设研究[M].上海:上海财经大学出版社,2005.

98.王彩波,王庆华.政府经济学[M].北京:首都经济贸易大学出版社,2009.

99.王洪春,汪雷在.中国农村社会保障新的机遇与挑战[M].合肥:中国科学技术大学出版社,2006.

100.王芝.我国土地征收补偿法律制度的缺陷与完善[C]//刘云生,主编.中国不动产法研究(第六卷)[M].北京:法律出版社,2011.

101.王志峰,黎玉柱,肖军梅.我国失地农民参加商业养老保险研究[J].农村经济与科技,2006(12).

102.王海港,李伟巍,罗凤金.什么样的农民容易上访?——对失地农民上访倾向的实证分析[J].世界经济文汇,2010(2).

103.王顺祥,姜正杰,王烨.基于土地社会保障功能的征地补偿标准研究[J].国土资源,2004(12).

104.王翠英.失地农民边缘化的根源何在?[J].调研世界,2007(2).

105.王慧敏,冯益华.拆迁后"一夜暴富"是福是祸?[N].人民日报,2012-07-15.

106.汪冬梅.中国城市化问题研究[M].北京:中国经济出版社,2005.

107.温乐平.论失地农民养老保险的制度保障[J].南昌大学学报(人文社会科学版)2010(4).

108.乌通元.充分发挥商业保险再多层次的社会保障体系中的作用[J].上海保险,1994(8).

109.吴定富.深入贯彻落实发展观,防范风险,调整结构,促进保险业健康发展[J].保险研究,2009(1).

110.吴定富.2008年在全国保险工作会议上的讲话,中国保险监督管理委员会网站.

111.冼青华.试论建立失地农民养老保险制度[J].经济与社会发展,2006(5).

112.冼青华.论商业型的失地农民养老保险模式[J].学术论坛,2011(5).

113.冼青华.多支柱养老保险体系理论研究综述[J].西部论坛,2011(3).

114.冼青华.进一步健全农村社会保障体系[N]经济日报2010年8月30日,理论周刊,第9版.

115.辛本绿,蒲新微.在自发性、诱致性与强制性之间——多支柱养老保障模式的制度分析及建构[J].学习与探索,2005(5).

116.薛惠元.被征地农民养老保障问题探析[J].当代经济管理,2011(01).

117.徐强.失地农民养老保障的商业保险化解途径——基于河南省失地农民的实证分析[J].平顶山学院学报,2009(2).

118.徐丹佳.我国被征地农民典型养老保险模式分析[J].2010年人文社会科学专辑,第36卷,2010(36).

119.徐琴.农村土地的社会功能于失地农民的利益补偿[J].江海学刊,2003(6).

120.徐文芳.我国农村商业养老保险存在的问题与对策探析——及与完善社会保障体系的视角[J].保险研究,2009(8).

121.杨翠迎.失地农民养老保障制度的分析与评价——以浙江省10个市为例[J].中国农村经济,2004(5).

122.杨紫烜.经济法研究(第4卷)[M].北京:北京大学出版社,2005.

123.杨方方.从缺位到归位——中国转型期社会保险中的政府责任[M]北京:商务印书馆,2006.

124.杨一帆.失地农民的征地补偿与社会保障——兼论构建复合型的失地农民社会保障制度[J].财经科学,2008(4).

125.杨长汉.养老保险个人账户基金市场化投资是必然选择[N].上海证券报,2011-06-21:F07.

126.[英]约翰.梅纳德.凯恩斯.就业、利息和货币通论[M].宋韵声,译.北京:华夏出版社,2005.

127.叶晓玲.重庆失地农民养老保险制度模式分析[J].农村经济,2009(11).

128.叶晓玲,梁丽.企业补充养老保险制度的国际比较[J].重庆交通学院学报,2003(4).

129.伊莎贝拉.人人有工作:社会发展峰会之后我们学会了什么?[J].国际社会科学杂志(中文版),2000,17(04).

130.余建平.浙江城市化进程中失地农民社会养老保障问题研究[D].杭州:浙江大学,2004.

131.于猛.土地财政不可持续[N].人民日报,2010-12-27.

132.袁志刚.养老保险经济学[M].上海:世纪出版集团、上海人民出版社,2005.

133.曾庆洪.我国失地农民社会养老保险法律制度研究[D].成都:西南大学,2009.

134.张建伟,胡隽.发展养业养老保险 构筑多层次农民养老保障体系[J].求实,2007(6).

135.张润森,施国庆,乔祥利,等.基于土地保障功能的征地补偿测算[J].城市问题,2009(2).

136.张立平,钟涨宝.土地入股:失地农民利益保护的有效方式[J].统计与决策,2007(10).

137.张靖.被征地农民的社会保障安置途径探讨[D].北京:中国农业大学,2004.

138.章辉美.城市化背景下失地农民职业转移[J].求索2008(3).

139.赵婷范,李彤.加快发展全省商业养老保险的思考[J].学术纵横2010(3).

140.赵国辉.失地农民养老堪忧,探索商业养老保险解决途径[J].中国保险,2005(9).

141.褚福灵.建立养老制度的自适应机制化老年风险为发展机遇[J].北京劳动保障职业学院学报,2010(02).

142.周熙.我国养老保险制度的再思考——基于社会资本的角度[J].山东经济,2007(4).

143.周延,姚晓黎.政府在失地农民养老保险中责任和义务的缺失及完善[J].农村观察,2006(2).

144.钟水映,李魁.失地农民社会保障安置:制度、模式与方向[J].中州学刊,2009(1).

145.中国"三农"形势跟踪调查课题组.中国小康痛:来自底层中国的调查报告[R].北京:中国社会科学出版社,2004.

146.朱海霞.完善被征地农民养老保障制度[J].江苏农村经济,2004(8).

147.朱青.中国养老保险制度改革:理论与实践[M].北京:中国财政经济出版社,2000.

148.朱明芬,李一平.失地农民利益保障问题到了非解决不可的地步[J].调研世界,2002(12).

149.朱江平.失地农民 社会养老最重要——从江阴被征地农民并轨"城保"说开去[J].农村工作通讯,2011(2).

150.卓志.人寿保险经济分析引论[M].北京:中国金融出版社,2001.

151.卓志.我国保险理论研究及其发展创新的方法论前提[J].保险研究,2008(2).

152.卓志.人寿保险业发展:服务经济视角的分析[J].财经科学,1999(5).

英文部分

153. Akwimbi Ambaka William. Critical Review of Literature on the Factors Pertaining to Finacial Sustainablility of Social Security Schemes [J]. Ssrn Electronic Journal，2008.

154. Alan B. Krueger，Bruce D. Meyer. Labor Supply Effects of Social Insurance [M]// Auerbach A. J.，Feldstein M. Handbook of Public Economics. Elsevier，2002：2327-2392.

155. Andreas Wagener. Raising Children to Work Hard：Altruism，Work Norms and Social Insurance[R].Peru：CESifo Working Paper，2001.

156. Arjan Heyma. The Econometrics of Social Insurance[J]. Journal of Applied Econometrics，2004，19(6)：739-759.

157. ArmandoBarrientos，Peter Lloyd Sherlock. Non-contributory Pension Schemes：A New Model for Social Security in the South[R]. Conference Paper for the 4th International Research Conference on Social Security，2003.

158. AxelBörsch Supan. The Economic Journal[J]. Features，2000，110(461)：24-45.

159. Bertranou F.，Grushka C. O. The Non-contributory Pension Programme in Argentina：Assessing the Impact on Poverty Reduction [J]. ESS Paper Series No.5，2002.

160. Busman S. Inter-Generational Family Care：Legacy of the Past，Implications for the Future[J]. Journal of Southern African Studies，1996，22(4)：585-598.

161. Case A.，Deaton A. Large CaSH Transfers to the Elderly in South Africa[J]. Economic Journal，1998(108)：1342.

162. Case A.，Wilson F. Health and Well-Being in South Africa：Evidence from the Language Survey[R].Princeton University，2000.

163. Case A. Does Money Protect Health Status? Evidence from South African Pensions[R]. NBER Working Paper，2001.

164. David P. Bernstein. A Note on the Use Estate Taxes and Payout Restrictions to Fund Multi-Pillar Pension Guarantees[J]. Ssrn Electronic Journal，2009.

165. Creedy John, Richard Disney. Social Insurance in Transition: An Economic Analysis[R]. London: Clarendon Press, 1985:14-18.

166. Monika Queisser, Dimitri Vittas. The World Bank the Swiss Multi-pillar Pension System: Triumph of Common Sense? [R]. Washington:The World Bank, 2000.

167. Dimitri Vittas. Swiss Chilanpore: The Way Forward for Pension Reform? [R]. Washington: The World Bank, 1993.

168. Elizabeth M.Caucutt. The Farm, the City, and the Emergence of Social Security[R]. Discussion Paper, 2008: 3731.

169. HelmutSchwarzer, Ana Carolina Querino. Non-conbutribuory Pensions in Brazil: Their Impact on Poverty Reduction [J]. ESS Paper No.11, 2002.

170. Jessica Johnson, John Williamson. Do Universal Non-contributory Old-Age Pensions Make Sense for Rural Areas in Low-Income Countries? [J]. International Social Security Review, 2006, 59 (4): 47-65.

171. Javier Olivera. Welfare, Inequality and Financial Consequences of a Multi-pillar pension system: A Reform in Peru [R]. Department of Economics, Cathollic University of Leuven, 2009.

172. John B. Williamson, Matthew Williams. The Notional Defined Contribution Model: An Assessment of the Strengths and Limitations of a New Approach to the Precision of Old Age Security[J]. Boston: Center for Retirement Research at Boston College, 2003.

173. Anon. Labor and Demographic Economics[J]. Journal of Economic Literature, 2006, 44(2): 510-516.

174. Kritzer. Essays on Social Security Reform and Multi-pillar Pension Plans [EB/OL]. http://ssrn.com=1392782, 2009.

175. Kulu Liina, Janno Reiljan. Old-Age Pension Reform in Estonia on the Basis of the World Bank's Multi-Pillar Approach[J]. Washington: University of Tartu Faculty of Economics & Business Administration Working Paper Series, 2004, 34:3.

176. LarryWillmore. Non-contributory Pensions: Bolivia and Antigua

in an International Context [J]. Financiamiento para el Desarrollo，2006：13-24.

177. NCPPS Newsletter[R].The Evolution of Non-contributory Pension Schemes，2003.

178. Palacios Robert，Rofman Rafael. Annuity Markets and Benefit Design in Multi-pillar Pension Schemes：Experience and Lessons from Four Latin American Countries[R]. Washington：The World Bank，2001：23159.

179. Palscios Robert，Irudaya Rajan. Safety Net for the Elderly in Poor Countries：The Case of Nepal [Z]. 2004：7.

180. Pankaj Kumar Gupta. Exploring Rural Markets for Private Life Insurance Players in India[J]. Journal of Risk & Insurance，2009，6（3，4）：7-21.

181. Preston David. Retirement Income in New Zealand：The Historical Context[J].，2001：12-13.

182. Reday Mulvey，Genevieve. Establishment of Multi-pillar Systems for Financing Pensions[J].Geneva Papers on Risk and Insurance：Issue and Practice，1999：436-458.

183. Britnell R. H.，Steve Hindle，Nash R. C.，et al. Review of Periodical Literature Published in 2000[J]. The Economic History Review：New Series，2002,55(1)：128-185.

184. RichardDisney. The Economic Journal[J]. Features，2002，110（461）：1-23.

185. RobertHolzmann，Truman Packard，Jose Cuesta. Extending Coverage in Multi-pillar Pension Systems：Constraints and Hypotheses，Preliminary Evidence and Future Research Agenda[J]. Social Protection and Labor Policy and Technical Notes，2000：1-28.

186. RobertHolzmann，Richard Hinz，Hermann Von Gersdorff，et al. Old-Age Income Support in the Twenty-First Century：An International Perspective on Pension Systems and Reform [Z]. 2005：8-10.

187. Robert Palacios，Oleksiy Sluchynsky. Social Pensions Part　：

Their Role on the Overall Pension System [Z]. 2006.

188. Steven Boyce, Richard A. Ippolito. The Cost of Pension Insurance[J]. The Journal of Risk & Insurance, 2002, 69(2): 121-170.

189. TeresaGhilarducci. Pension Reform in the United States: Guaranteed Pension Accounts Are Key [J]. Social Science Electronic Publishing, 2009(2):58-65.

190. TitoBoeri, Axel Börsch Supan, Guido Tabellini. Pension Reforms and the Opinions of European Citizens [J]. The American Economic Review, 2002, 92(2): 396-401.

191.United Kingdom, Department for Work and Pensions. Review of Residency-Based Pension Schemes[Z]. 2005.

192.Willmore L. Universal Pensions in Low-Income Countries[R]. New York: Initiative for Policy Dialogue, Pensions and Social Insurance Section, Discussion Paper No. IPD-01-05, 2001.

后　记

历经艰辛的博士论文即将作为专著出版了，回想起写作期间的日日夜夜，心中充满了感激与欣喜。

选择"失地农民养老保险"作为研究方向，得到了博士导师孙蓉教授的支持。当初选题来源于我早期曾做过的一个课题，这个课题主要研究失地农民养老保险制度的建立。由于经济环境的变化，最近几年国家开始重视城乡居民养老保险问题，逐步建立并实施了新型农村养老保险和城镇居民养老保险，后来两者整合为城乡居民养老保险。本书的切入点是针对失地农民这一特殊而庞大的群体，利用其投保方式和融资机制的特殊性，为他们构建多层次的养老保险体系，可以满足其不同的养老保险需求。

本书的写作过程，痛苦多于快乐。从文献搜集、提纲拟订、开题，到最后行文、修改、定稿，经过了多次反复推敲、论证，有时候为了一个问题持续几天失眠，甚至心灰意冷。幸好，导师始终鼓励和帮助我，一次一次地把我从死胡同里引出来，让我耳目一新。就这样历经多次的山穷水尽和柳暗花明，写作思路慢慢清晰，键盘上的一个个字符也变成了一本专著。

专著即将出版，我却无法如释重负，心中的惶恐不减反增，担心自己学识有限，书中仍有许多不完善的地方。关于保障水平及调节机制问题、多层次体系中各层次的协调发展以及基本养老保险个人账户基金的保值增值问题，将是笔者未来深入研究的方向。失地农民是一个复杂的群体，失地农民的养老保险体系具有很强的实务性和综合性，敬请专家及读者斧正。

在本书写作过程中，得到很多同学、同事和亲朋好友的关心和支持，在我周围形成一股强大的能量，给我以信心和力量，鼓励我努力完成写作。因此，本书的完成离不开众多良师益友的热心帮助和指导,在此,致以诚挚的谢意!

尤其感谢我的导师西南财经大学孙蓉教授!本书的写作,凝聚了孙老师的大量心血与智慧。在学术上,孙老师学识渊博、治学严谨,给我以无穷的启迪;在作风上,孙老师具有大家风范,严格要求学生,催我不断上进;在生活上,孙老师常常关心我鼓励我,像春天的微风,让我感到无比的温暖。孙老师谦逊的风格和谆谆教诲,将激励我在将来的人生和研究道路上努力奋进。特别感谢我的先生和孩子,他们的分忧与敦促,使我克服重重困难,坚持完成本书的写作。

还有很多的单位和个人都对本书的写作提供了多方面的帮助,在此无法一一列举,包括所有书中引用的参考文献的作者,他们的研究思路和成果给我一定的启发,拓宽了我的写作思路。在此一并表示我真挚的谢意!

冼青华

2019 年秋于集美学村